BEHAVIORAL GEOGRAPHY OF
DISASTER RISK

灾害风险的
行为地理学研究

唐勇　秦宏瑶　何莉　依来阿支　苟婷
张自力　杜晓希　李丹妮　窦荣岩　／　著

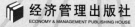
经济管理出版社
ECONOMY & MANAGEMENT PUBLISHING HOUSE

图书在版编目（CIP）数据

灾害风险的行为地理学研究 / 唐勇等著. -- 北京：
经济管理出版社，2024. -- ISBN 978-7-5243-0133-2

Ⅰ. K901

中国国家版本馆 CIP 数据核字第 20240JQ401 号

组稿编辑：张馨予
责任编辑：张馨予
责任印制：张莉琼
责任校对：王纪慧

出版发行：经济管理出版社
　　　　　（北京市海淀区北蜂窝 8 号中雅大厦 A 座 11 层　100038）
网　　址：www.E-mp.com.cn
电　　话：(010) 51915602
印　　刷：唐山玺诚印务有限公司
经　　销：新华书店
开　　本：720mm×1000mm/16
印　　张：10.25
字　　数：190 千字
版　　次：2025 年 4 月第 1 版　　2025 年 4 月第 1 次印刷
书　　号：ISBN 978-7-5243-0133-2
定　　价：98.00 元

序 言

　　洪水、火灾、地震、疾病等重大突发灾害事件与"人类世"（Anthropocene）相伴而生，是人类社会发展过程中反复经历的严峻挑战和重大威胁。人类社会如何看待变幻莫测的灾害风险？防灾与避险行为是否会因为灾害风险的不同而存在差异？面对不同类型的灾难风险，中国社会应该如何合理应对、疏导与治理？本书以城市雾霾、高烈度山区地震与森林火灾 3 种类型的重大灾害事件为研究案例，关注中国社会对灾害风险的响应方式，聚焦灾害风险感知行为问题。

　　黑格尔说："我们从历史中得到的唯一教训是我们从没有从历史中得到教训。"本书直面这一哲学意义上的严峻挑战，通过揭示灾害风险感知行为图式，尝试提出差异化的灾害风险感知的舆情引导与应对策略，形成了清晰的逻辑框架，对行为地理学领域有理论贡献。全书分为五章，涵盖九寨沟、汶川地震灾后重建区、成都市、西昌市、四川省等不同尺度的研究区域，分别聚焦雾霾、地震、森林火灾 3 类灾害风险约束下的健康城市形象、出游行为、地方依恋、迁居意愿、风险敏感度等研究主题。

　　第一章深入、全面且系统地回顾了西方行为地理学领域的重要文献，梳理了西方行为地理学学术史及其在理论、方法等方面的学术贡献，通过对西方行为地理学的批判与反思，为判断中国行为地理学发展阶段和未来发展方向提供了借鉴。第二章研究雾霾风险视域下健康城市形象问题。通过阐明居住（停留）时间、雾霾风险感知、健康城市评价指标与理想健康城市测试项等变量间的认知结构关系，延续了"人类世"背景下对城市空气污染问题的持续关注，强调与"生态文明"这一美好愿景的对接，凸显了居住（停留）时间对于健康环境评价的重要意义。第三章关注九寨沟地震灾后目的地形象感知、灾害风险感知和灾害敏感度特征及其内在逻辑关系，得出灾后旅游目的地形象的负面化过程导致避险行为等重要结论。第四章基于汶川地震灾后重建区特殊的社会文化环境，关注负面情感联结，在搬离惯常空间环境前提假设下突破了地方依恋这一重要概念的传统测量方案，转向一般性、社会性与物质性依恋维度，并将其置于家、社区、城镇3个不同的空间尺度环境下予以考察，延续了对地方尺度以及自我与他者情感联结的关照，有望为降低愤怒指数和促进不同尺度、类型灾后重建社区宜居空间环境建设提供参考。第五章以西昌森林火灾为研究案例，聚焦游客森林火灾风险感知对旅游行为的影响，有望为不同风险敏感度人群制定差异化和针对性的舆情应对策略提供参考。

近年来，灾害的社会文化影响、特别是个体的心理和行为反馈机理是行为地理学的重要研究领域。本书响应这一研究趋势，具有突出的研究价值和意义：首先，从行为地理学的视角揭示雾霾、地震与森林火灾等多种类型的灾害风险感知行为，试图提供一个综合的理论图景，有望促进灾害风险视域下的行为地理学发展为完整的知识体系，对其他灾害风险与行为地理相结合的研究具有较好的借鉴意义，为防灾减灾及灾害治理等灾害学理论建构和现实问题的解决提供实证依据。其次，通过实证研究所暴露出的舆情风险、群体无意识、过度恐慌、集体失忆、无地方性、避险行为、风险麻痹等灾后应激性的社会心理与行为问题，有望引起相关决策部门的重视。最后，总结经验、吸取教训的意义除了避免重蹈覆辙以外，也有利于促进新发现和产生新认识，特别是引出若干需要进一步深入研究理论与现实问题。例如，灾害风险社会影响评估的理论基础、法律依据、技术规范和实践案例研究；森林火灾对地方建构/重构的过程及其人类学研究；地震灾后重建区地方依恋动态变化的历时性和不同群体的对比性研究；居住（停留）时间对于雾霾风险感知及健康城市形象的影响机理；有限理性视域下突发公共卫生事件过度焦虑引导的疏导策略；社会心理调适视域下旅游市场振兴理论与方法。

本书写作始于对汶川特大地震之后人地关系调整的持续关注，并拓展到了九寨沟地震、城市雾霾与西昌森林火灾等近年来对公众社会心理和行为造成不同程度负面影响的重大灾害事件。在这一艰辛的探索过程中，课题研究受到了多个项目的资助。具体包括：国家留学基金（202308510143）；师生国际访学"特支计划"（12400-000522024TZJH2）；成都理工大学"校一流培育（地理学）"项目；四川省教育厅人文社科重点研究基地——气象灾害预测预警与应急管理研究中心2020年一般项目"雾霾风险视域下城市旅游目的地形象研究（ZHYJ20

YB04）"；成都理工大学2020年度"哲学社会科学研究基金"交叉与新兴学科项目"汶川地震纪念性景观叙事地理学研究"（YJ2020-JX005）；四川应用心理学研究中心（面上项目）"九寨沟景区地震灾害风险感知对出游行为的影响研究"（CSXL-182013）；健康城市发展研究中心项目（自筹项目）："雾霾风险感知对成都市健康城市形象的影响与应对研究"（2018ZC003）。

本书受益于前期探索性研究，由成都理工大学地理与规划学院和四川电影电视学院两所院校的地理学和风景园林专业教师及硕士研究生共同参与编写。序言由秦宏瑶编写；第一章编写人员包括唐勇、秦宏瑶、杜晓希、李丹妮、窦荣岩；第二章由唐勇、何莉、张自力参与编写；第三章由唐勇主研，苟婷、秦宏瑶、何莉参与研究；第四章由唐勇负责；第五章由唐勇、依来阿支、何莉共同完成；后记由唐勇编写。全书由李丹妮、窦荣岩负责统稿、整理参考文献、编写附录。石瑜、钟美玲、王尧树、梁越、薛广召、余雪、张俊杰、杨佳、曹雨参与了校稿和规范参考文献等基础性工作。

《易经》"济卦"显示任务完成，但紧随其后的"未济卦"表示任务并未结束。因此，前事结束实为后事之始；前事不忘，后事之师。从行为地理学视角反思雾霾、地震与森林火灾等灾害风险仅是重大突发灾害事件研究的逻辑起点，而远非终点。展望未来，灾难事件对中国社会发展的特殊价值与全球意义不会就此消退。在此意义上，《灾害风险的行为地理学研究》的理论思考和实践探索将帮助人们实现跨越时空阻隔的交流。

本书编者

2025年2月

目　录

第一章　西方行为地理学
研究进展及启示

　　本书关于灾害风险的实证研究采用了行为地理学的方法和视角。因此，读者有必要了解西方行为地理学的源流及中国行为地理学的最新进展。Golledge（2008）、Gold（2019）、Argent（2016）等有较为全面总结西方行为地理学研究进展的综述类文章可供查阅。柴彦威、塔娜等（2008）在译介并总结西方行为地理学研究历程和重要成果的基础上，也介绍了中国在这一领域的最新发展（柴彦威，2003；柴彦威等，2008，Chai et al.，2016；Zhou et al.，2024）。

　　我们无意重复前人的工作，而是通过深入、全面且系统地回溯行为地理学领域的重要文献，以期获得新的认识。我们尤其关注那些在现有综述文章中观点并不完全一致的内容（例如，西方行为地理学研究历程阶段划分；行为地理学广义和狭义之分；行为地理学崛起的原因），以及一些未被充分关注的议题（例如，行为地理学的基本假设和理论基础）。为避免由于术语翻译可能引起的"名词之争"，我们尽量保留英文关键术语。我们尝试梳理西方行为地理学学术史及其在理论、方法等学术贡献，特别是通过对西方行为地理学的批判与反思，以期为我们判断中国行为地理学发展阶段和未来发展方向提供借鉴。

第一节　行为地理学的"名词之争"

　　二十年前，美国《展望周报》（The Outlook）总编辑阿博特（Lyman Abbott）发表了一部自传，其在第一篇记录了他与父亲的谈话："自古以来，凡哲学上和神学上的争论,十分之九都只是名词上的争论。"阿博特在这句话的后面加上一句评论,他说:"我父亲的话是不错的。但我年纪越大,越感觉到他老人家的算术还有点小错。其实剩下的那十分之一,也还只是名词上的争论。"

这段关于"名词之争"(Verbal Disputes)的有趣谈话,原载于胡适在天津"大公报·星期论文"专栏发表的《充分世界化与全盘西化》的开篇。无论是"西学东渐"与"东学西传",又或者是"佛法东来"与"老子西行",都不可避免地会面临"名词之争"(Chalmers,2011)。深陷"名词之争"毫无意义,但也不能忽视"名正言顺"在学术研究中的重要性。《论语》有云:"名不正,则言不顺;言不顺,则事不成。"因此,"正名"便成为"译介"工作的首要任务。

Gold(2019)在《人文地理学国际百科全书》(*International Encyclopedia of Human Geography*)中,从狭义和广义两个层面对"Behavioral Geography"(行为地理学)进行了讨论,较为清晰地界定了行为地理学的内涵和外延。简而言之,广义上的行为地理学是研究方法;而狭义上的行为地理学则是人文地理学的一个分支学科。然而,《西方行为地理学的研究历程及最新进展》对行为地理学的译介在这两个层面上有所不同(柴彦威等,2008),认为"狭义的行为地理学指的是实证主义行为论(Behavioralism)方法的行为主义地理学研究,而广义的行为地理学则涵盖了人本主义方法"。

西方行为地理学在发展初期,以及刚刚进入中国学术视野的阶段,通常被理解为一种新的地理学方法(柴彦威、塔娜,2011),即强调在考虑自然地理环境与社会地理环境条件下,从人的主体性角度理解行为与其所处空间之间关系的地理学方法(柴彦威,2005)。随着行为地理学在西方和中国先后走向成熟,它作为人文地理学分支学科的观点逐渐被广泛接受(Gold,2019;塔娜、柴彦威,2022;张文佳、鲁大铭,2022;王丰龙,2022)。

行为地理学与人文地理学的多个领域密切相关。例如,环境感知(Environmental Perception)、行为与感知地理(Behavioral and Perceptual Geography)、行为与认知地理(Behavioral and Cognitive Geography)以及形象地理(Image Geography)。这些领域从不同角度丰富了行为地理学的内涵,也体现了早期行为地理学方法和研究兴趣的多元化特征。

Gold(2019)指出,混淆广义和狭义概念是误读行为地理学学术史的重要原因。"Behavioral Geography"(行为地理学)一词的英文名及其中文译名在构词法上与"Human Geography"（人文地理学）有异曲同工之妙，从而为理解行为地理学在狭义层面被视为人文地理学分支学科提供了线索。

广义的作为方法体系或方法论的行为地理学包含两个派别：人本主义方法学派（Humanistic Approaches）和认知科学学派（Cognitive Science）。人本主义方法学派从整体观出发，阐释人类的空间想象和体验，是传统人文地理学方法的延续与深化；而认知科学学派则关注人类空间认知行为对空间决策及其反馈过程的影响，这一派别主要由北美大陆的学者推崇，并对以中国和日本为代表的亚洲学者产生了深远影响。20世纪80年代初，行为地理学的认知科学学派和人本主义方法学派开始分道扬镳。

第二节　西方行为地理学学术史

一、萌芽阶段

20世纪50年代末60年代初是传统的学术理论和方法"礼崩乐坏"的时代（Golledge，2008）。在这一时期，"理论革命"（Theoretical Revolution）和"定量革命"（Quantitative Revolution）不同程度地推动了地理学研究范式的根本性变革（Bunge，1962；Burton，1963）。在此背景下，地理学不断地突破学科边界，探索新的研究领域，以此更好地描绘和解释客观物质世界。

行为地理学的萌芽可追溯到20世纪初（Gold，2019）。早期的研究主题集中在四个方面：首先，个体对地图的使用、空间想象以及方位识别问题（Trowbridge，1913）；其次，文化因素对传统环境决定论（Environmental Determinism）的挑战问题（Sauer，1924）；再次，地理想象与地理知识建构的关系问题（Geographical Knowledge）（Wright，1966）；最后，关注人地关系中的心理学问题（Georges，1939）。

如前所述，行为地理学的崛起是对传统理论和方法的挑战与修正。例如，"区位理论"（Location Theory）、"中心地理论"（Central Place Theory）不再被奉为"金科玉律"（Berry and Garrison，1958a；Isard，1956）。再如，行为地理学借鉴了认知主义学习理论中的格式塔理论/完形理论（Gestalt Theory）（William，

1952)，在"意象"（Images）概念的基础上，发展出了"城市意象"（The Image of the City）和"心理图式"（Mental Maps）（Alderson，1952；Lynch，1964），从而为20世纪60年代的人本主义学派注入了新思想。代表性成果包括：《地理、体验与想象》（*Geography，Experience and Imagination*）（Lowenthal，1961）；《恋地情结：环境感知、态度与价值研究》（*Topophilia：Study of Environmental Perception，Attitudes and Values*）（Tuan，1974）。

认知科学学派也在决策行为研究方面取得了重要进展。认知行为主义（Cognitive Behaviorism）或环境行为主义（Environmental Behaviorism）为地理学的行为与感知研究提供了最早的理论依据。认知科学学派认为，人们基于已有的知识和经验来感知环境、做出解释并产生反馈，表现为以主观或以自我为中心看待周围环境，这与客观主义的环境决定论相悖（Kirk et al.，1963；Solot，1986；Wright，1974）。

这一阶段的研究者通过质疑"经济人理论"（Economic Person），发展出了"有限理性理论"（Bounded Rationality），并将其运用于购物行为等领域的研究（Berry and Garrison，1958b；Fischer，2011；Golledge et al.，1966；Simon，1957）。此外，为解决工厂最优选址问题，设计了"决策行为矩阵"（Behavioral Matrix）（Pred，1976）。除了对传统经济学理论和假设提出挑战以外，行为地理学还借鉴了博弈论、心理学，特别是环境心理学方法来研究感知认知与环境行为之间的关系（Gould，1963；Isard and Smith，1967）。例如，研究者通过语义判别结果揭示了居住舒适度与居住地选择过程中存在的"心理黑箱"现象（Black Box）（Gould and White，1968）。再如，Saarinen（1966）采用人格量表（Personal Measures）测量了居住在干旱区的农民对旱灾的感知特征。

二、巩固阶段

20世纪60年代末是行为地理学巩固其学科地位的重要阶段。1965年，在俄亥俄州哥伦布市举行的美国地理学家协会年会上（Annual Meeting of the Association of American Geographers），David Lowenthal宣告了行为地理学的成熟。在此次会议上，Lowenthal主持了"环境感知与行为"（Environmental Perception and Behavior）专题研讨，并于会后将研讨成果结集出版。论文集涵盖的议题广泛，主要包括：环境态度；空间象征主义（Spatial Symbolism）的测量方法；人类对北极环境的适应性；飓风灾害；城市高速通行环境对居民行为的影响感知。三年后

（1968 年），华盛顿特区举行的美国地理学家协会年会延续了 1965 年关于行为地理学的专题研讨，围绕行为地理学的理论建构与实证主义研究范式展开讨论，并结集出版了《地理学中的行为问题专辑》（*Behavioral Problems in Geography*）。

次年，大量的行为地理学研究成果纷纷涌现。其中，Thomas Saarinen 在 1969 年美国地理学家协会年会上发表的论文《环境的感知》（*Perception of the Environment*）尤为引人注目（Saarinen，1969）。该文深刻揭示了空间尺度（Spatial Scale）在认知行为研究（Cognitive-Behaviorist Research）中的重要性，并阐明了人与环境关系的研究对于规划设计的意义和价值（Saarinen，1974）。Saarinen（1981）提出，从微观到宏观，空间尺度依次包括个人空间（Personal Space）、家（Home）、邻里/社区（Neighborhood）、城市（City）、区域（Region）、国家（Nation）直至全球（World）。还有一系列重要成果揭示了意向（Image）和空间图式（Spatial Schemata）作为基本的感知单元对空间中的行为的调节过程（Meisels and Guardo，1969；Shepard，1978）。

20 世纪 60 年代中期至 70 年代中期，行为地理学领域出版了一系列关于空间分析与地理学理论研究方面的专著和教材。主要包括：《人文地理学区位分析》（*Location Analysis in Human Geography*）（Haggett，1965）；《地理学模型》（*Models in Geography*）（Chorley and Haggett，2013）；《地理学的阐释》（*Explanation in Geography*）（Harvey，1969）；《地理学统计分析》（*Statistical Analysis in Geography*）（King，1969）；《地理学科学推理导论》（*An Introduction to Scientific Reasoning in Geography*）（Amedeo and Golledge，1975）。

三、理性回归阶段

自 20 世纪 80 年代起，行为地理学的研究热潮逐渐降温，甚至一度面临被边缘化的情况，这标志着行为地理学研究进入了理性回归的阶段。在欧洲与美洲，行为地理学的境遇大相径庭。例如，瑞士、法国以及比利时等欧洲国家的大学在 20 世纪 80 年代见证了行为地理学研究的鼎盛时期。再如，英国作为行为地理学教学与研究的先驱之一，其研究热度在 20 世纪 70 年代末达到顶峰后逐渐衰退。一方面，伦敦大学学院、杜伦大学、布里斯托尔大学等教育机构在该领域的主要研究人员对行为地理学的兴趣逐渐减弱；另一方面，随着 20 世纪 90 年代"文化转向"（Cultural Turn）的兴起，新文化地理学以及复兴后的历史地理学逐渐占据了高校地理学课程体系中的核心位置，取代了行为地理学曾经的显著地位。相较而言，美国由于深厚的文化地理学研究传统，因此一直是行为地理学教学和研究的中心。重要的学术交流平台包括美国地理学家协会和环境设计研究协会（Environmental Design Research Association）。

在理性回归阶段，行为地理学相对较少有突破性的进展，主要以总结前一阶段的成果为主。《行为地理学导论》（An Introduction to Behavioral Geography）是第一本系统介绍行为地理学的教材（Gold，1980）。《人文地理学中的人与环境行为方法》（People and Environment Behavioral Approaches in Human Geography）于1984年初次出版、2014年再版，总结并反思了作为方法论的行为地理学，介绍了工作、移民、购物、休闲、归属感等热点领域（Walmsley and Lewis，2014）。1997年，《空间行为：基于地理视角》（Spatial Behavior：A Geographic Perspective）作为西方行为地理学领域研究的集大成者出版（Golledge and Stimpson，1997）。近十年的重要成果还包括：《再论地理学中的行为问题》（Behavioral Problems in Geography Revisited）（Cox and Golledge，2015），以及《行为与认知地理学指南》（Handbook of Behavioral and Cognitive Geography）（Montello，2018）。

行为地理学在这一阶段的主要进展包括如下两个方面：基于现象学的交互主义研究（Transnationalism）（Mitchell，1997）以及时间地理研究（Time Geography）（Giddens，1985；Shaw，2012；Urry，2014）。主要研究领域包括：儿童地理（Children's Geographies）（Holloway and Valentine，2004）；老年学的地理研究（Gerontological Studies）（Milligan and Wiles，2010）；医学地理（Medical Geography）（Meade and Emch，2010）。不仅如此，轻推理论（Nudge Theory）（Reid and Ellsworth-Krebs，2019）、人工智能（Artificial Intelligence）（Janowicz et al.，2020）、基于地理信息科学的认知地图等新理论和新技术也进入了行为地理学的视野（Montello，2009）。

第三节　西方行为地理学研究启示

西方学者对行为地理学在理论建构、研究假设和方法论等方面的批判与反思为我们判断中国行为地理学发展阶段和未来发展方向提供了逻辑起点，现分述如下：

　　首先，西方行为地理学走过了萌芽（20 世纪 20 年代初至 60 年代初期）、巩固（20 世纪 60 年代中期至 70 年代末期）和理性回归（20 世纪 80 年代以后）这个几个阶段后，开启了"人本主义地理学"（Humanistic Geography）和"新文化地理学"（New Cultural Geography）研究的新视域（Bonnemaison，2005；Crang，2013；Tuan，2017；柴彦威，2003）。相较而言，中国的行为地理学在经过了 20 世纪八九十年代的译介和近 30 年的本土化发展之后（孙峰华，1994；海山，1997），已然从新的方法体系发展为人文地理学的重要分支学科（塔娜、柴彦威，2022；柴彦威、塔娜，2011；王丰龙，2022）。因此，我们可以大致判断中国化的行为地理学处于理性回归的前期，不久的将来会面临人本主义地理学和新文化地理学兴起的挑战。

　　其次，西方行为地理学研究三个阶段的划分并没有完全清晰的界定，这也表现在学术史梳理过程中对于重要研究主题的理解和认识上的差异（Argent，2016；Golledge，2008；陈琴、周欣雨，2016）。抛开争议，较为一致的看法是西方行为地理学至少包括认知地图（Cognitive Maps）、地方依恋（Attachment to Place）以及环境感知（Environmental Perception），特别是自然灾害（Natural Hazards）等领域的研究（Gold，2019）。近年来，中国学者较为重视地方依恋（Attachment to Place）和环境感知（Environmental Perception）研究，在政治地理学、经济社会学与行为地理学的交叉领域作了有益的探索，特别是结合中国案例推进了认知地图（Cognitive Maps）和自然灾害（Natural Hazards）领域的研究（Chai et al.，2016；何诗、阴劼，2022；刘世定等，2018；王丰龙、刘云刚，2022），形成了清华大学时空行为与城市治理研究团队和同济大学时空行为规划研究团队两个代表性的研究群体（王德、陈子浩，2022；刘志林，2022）。

　　再次，西方行为地理学长期以来所遵循的研究范式并非总是基于马克思主义的认识论传统，而是倾向于描述和解释人类行为的实证主义研究范式。这一研究范式包括两个基本假设：第一，如果环境形象/图景是可识别的（Identifiable Environmental Images），那么它也可以被准确测量（假设一）；第二，感知形象/图景和选择偏好与真实世界/客观世界中的行为有着密切关系（假设二）。假设一强调通过科学方法测量环境形象/图景的可行性和必要性，但在环境形象抽取、标准术语、数据采集方法等方面有若干不足。假设二也同样面临若干争议与矛盾。一是某些研究案例中感知形象/图景和选择偏好并未在真实世界/客观世界中产生预期的决策行为。二是强调对感知形象/图景的测量却忽略了对差异化空间行为的关注。三是空间行为研究未能脱离前往工作、商店等地方的通勤行为和迁居行为的框架，特别是缺乏对空间行为复杂性和整体性的思考。四是将不同人口学特征的样本视为总体，忽略了不同类型样本所具有的差异化空间行为。

由于实证主义研究范式停留在现象层面，因此在推动地理学思想发展方面的贡献非常有限。同时，行为地理学的研究重点在于验证或修正已有的地理学理论或模型，这种修补未能产生突破性的新理论。然而，"不破不立"并非抛弃实证研究范式或是全面转向现象学的研究范式。客观、理性、全面地描述、刻画和解释人类的感知行为仍有其独特价值。中国化的行为地理学研究应避免过度地实证主义研究倾向，特别是要克服上述假设和验证假设过程中具体方法使用中的不足，要鼓励以马克思主义的认识论和现象学理论为基础，尝试在地理学思想、理论与教学方面形成中国经验（塔娜，2022；张文佳、鲁大铭，2022；柴彦威，2005）。

最后，西方行为地理学的萌芽、发展与成熟始终伴随着对传统理论和方法的批判、借鉴和突破。理论方面的主要贡献包括：第一，在研究空间知识习得的过程中发展了"阶段理论"（Stage Theory）（Piaget et al.，1956，2013），提出了"锚点理论"（Anchor Point Theory）（Couclelis et al.，1987；Golledge，1999），修正了"生命周期理论"（Lifespan Theory）（Liben，1981；Montello，1998）。第二，基于"位置学习与场地理论"（Place-learning and Field Theory）（Tolman，1948），发展出了"认知地图"的概念（Cognitive Maps）（Downs，1970；Golledge，1999；Stea，2017）。第三，基于"感知理论"（Perceptual Theory），产出了自然灾害风险感知领域的一系列重要成果（Perception of Natural Hazards）（Barker，1968；Gibson，1966，1969；Kasperson and Dow，1993；Kates，1970；Krantz et al.，1971）。第四，采用"有限理性行为"解释移民、搬迁和机构选址问题的决策过程（Boundedly Rational Behavior）的研究（Brown and Moore，1970；Hamilton，2013）。

数据采集和分析方法方面的主要进展包括：托布勒"二维回归软件"（Tobler's Bi-dimensional Regression software）（Tobler，1976）；概率多维尺度分析（Probabilistic Multidimensional Scaling）（Zinnes and MacKay，1983）；空间自相关（Spatial Autocorrelation）（Legendre，1993）；交互模型（Interaction Models）（Brambor et al.，2006）；认知制图（Cognitive Cartography）（Caquard，2015；Olson and Brewer，1997）；计算过程建模（Computational Process Modeling）（Smith et al.，1982）；交通运输建模（Transportation Modeling）（Murray-Tuite and Wolshon，2013）；地理信息科学（Geographic Information Science）（Goodchild，1992）。因此，中国化的行为地理学应努力实现中西方理论和方法的充分对接，在此基础上形成中国特色行为地理学研究范式和理论贡献（柴彦威、塔娜，2024；申悦、王德，2022；许伟麟、柴彦威，2023；赵莹、刘方宇，2022）。

综上所述，"行为地理学"（Behavioral Geography）较早受到美国、英国、荷兰、比利时、澳大利亚、日本等国学者的热捧，因此被中国学者视为是"舶来品"（Imported）（柴彦威等，2008）。意大利史学家贝奈戴托·克罗齐（Benedetto Croce）曾说："所有的历史都是现代史"（All history is contemporary history）。美国小说家马克·吐温（Mark Twain）秉持着类似的观点，他认为："历史不会重复自己，但它总是惊人地相似（History doesn't repeat itself，but it often rhymes）。"公元 7 世纪，唐僧玄奘在西行求取真经之时，佛教在印度虽已开始衰败，但这并未阻碍佛教在东土大唐开花结果，发扬光大。回顾历史，唐代佛教"五家七宗"门派繁多，然而经典义理却较为含糊。正因如此，玄奘法师才历经千辛万苦西行取经，并在归国后于长安慈恩寺潜心译经数十年，完成了翻译众多佛经的壮举。在新时代，我们呼唤具有中国特色的行为地理学研究理论与应用涌现的同时（柴彦威、周素红，2024），也可能面临如玄奘当年的困惑。因此，重视对西方行为地理学的译介是正确理解行为地理学的关键。

第二章　雾霾风险视域下健康
城市形象研究[①]

近年来，我国一些大城市空气污染事件频发，严重影响城市居住环境和人体健康，成为制约健康城市发展的关键性环境问题（马丽梅、张晓，2014；王晓红、冯严超，2019；Guan et al.，2016）。针对雾霾污染与健康城市建设之间的突出矛盾，中国政府积极响应世界卫生组织"健康城市计划"（Healthy Cities Program）的号召，以《"健康中国2030"规划纲要》为引领，达成了《健康城市上海共识》，全国首批38个健康城市试点市雾霾治理初见成效（Yan et al.，2021；Yang et al.，2018；黄国武，2018）。成都市于2016年入选全国首批"健康城市"试点，2018年在四川省健康城市建设中排名第一位，但却遗憾未入选健康城市建设示范市名单（全国爱卫办，2016，2019）。受静风频率高、扩散条件差、逆温常见、秋冬季降水量低、臭氧污染等不利气象条件的综合影响，大气污染物极容易在盆地积累（周聪等，2021；陈婷等，2021；张玥莹等，2018）。在此背景下，雾霾风险感知在何种程度上对健康城市形象造成负面影响，是值得深入研究的兼具理论与现实意义的重要基础性科学问题（叶波等，2019；何莉等，2020；梁越，2021；彭涛、杨勉，2020）。

雾霾风险视域下健康城市形象问题是旅游地理、医学地理和城市规划等学科共同关注的交叉领域（马祖琦，2015；张海燕等，2010；Slovic，2000）。从旅游地理学的视角，雾霾与城市的关联性主要表现为雾霾污染对城市旅游发展的负面

① 本章主要内容刊发于《四川轻化工大学学报（社会科学版）》2022年第37卷第1期，由本书作者唐勇、何莉共同完成；相关研究进展的部分内容节选自何莉的硕士学位论文《雾霾风险感知对成都市健康城市形象的影响与应对研究》；研究区域的部分内容节选自张自力的硕士学位论文《成都市中心城区居民环境空气污染认知与环境行为研究》。

影响与时空分异特征及其对旅游流的空间效应（Zhang et al.，2020a；徐冬等，2019a，2019b；叶莉、陈修谦，2021）。研究发现，雾霾污染对中国入境旅游流的空间效应显著，是制约北京等城市旅游发展质量和效益的重要时空动态关联性因素（Zhang et al.，2015；唐承财等，2017）。游客凝视为认识雾霾风险的异质性特征及其对感知行为变量的影响过程提供了较丰富的实证案例（叶莉、陈修谦，2020；Becken et al.，2016）。例如，徐戈等（2017）发现雾霾风险感知在环境信息与应对行为以及环境满意度之间起着重要的中介作用。北京、西安等城市的相关案例揭示了国际游客、大陆居民、城市居民等群体对雾霾风险感知与偏好、意愿、体验与应对等潜变量的认知行为关系（程励等，2015；张晨等，2017；杨军辉、赵永宏，2019；彭建等，2016）。例如，李静等（2015）验证了来京旅游者雾霾感知、满意度和忠诚度的认知结构关系。以北京市为案例的成果还包括雾霾风险感知和态度驱动下的旅游意愿和行为倾向等（阮文佳等，2019；张爱平、虞虎，2017）。

近年来，有效应对雾霾等大气颗粒物污染问题是健康城市规划建设实践探索的重要着力点（马祖琦，2007）。医学地理学关注空气质量问题对社区、街区和城市等环境中居民呼吸健康的影响，这为提高城市宜居性特别是健康城市规划建设提供了重要的科学依据（陈明等，2019；陈曦、冯建喜，2019；王兰等，2016；许燕婷等，2021；陈春等，2017；Song et al.，2019）。一方面，健康城市视角下道路体系、慢行环境、城市管制、邻里规划、滨水空间、绿地系统是城市规划学聚焦的重要领域（Wolch et al.，2014；郭湘闽、王冬雪，2013；唐燕等，2014；毛宽、曾刚，2008；杨雨雯等，2020；Nieuwenhuijsen，2020）；另一方面，生态文明视角下健康城市评价方法与指标体系构建也是重要研究内容，涉及《全国健康城市评价指标体系（2018 版）》的政策解读和评价方法的探索性研究（温秋月等，2018；刘继恒、徐勇，2018；国家卫生健康委员会，2018）。其中，社区居民基于主观感知对健康城市建设的愿景及满意度评价为雾霾风险视域下健康城市形象研究提供了重要参考（陈大杰等，2017；王兰等，2020；袁相波等，2016；贾红等，2012）。

综上所述，从健康城市规划建设的视角，空气质量与人体质量的关系已进入研究视野，但尚未实现雾霾风险感知与健康城市研究的充分对接。基于不同群体的主观视角，城市尺度下雾霾风险感知及其与感知行为变量的关系已较为清晰，但缺乏对雾霾风险视域下健康城市形象认知结构关系的必要探索。

第一节　相关研究进展

一、环境风险感知

环境风险感知是地理学、行为地理学等诸多学科共同关注的重要研究议题（杨洁等，2010；文彦君，2010；Vassie et al.，2005）。Slovic（1987）认为，风险感知是个体基于客观风险事件得出的主观意识反应与评价判断。环境风险感知便是公众面对客观环境风险时的主观判断和直接感受（王晓楠，2020）。环境风险感知研究源于 20 世纪 60 年代核风险带来的一系列安全问题引发公众强烈争论（Keller et al.，2012；张海燕等，2010）。不当开发、滥伐滥用等导致全球环境问题日益严峻，环境风险感知研究受到高度关注（Chakraborty et al.，2017；Wiegman and Gutteling，1995）。Fischer 等（1991）通过多种风险类型感知调查，发现44.1%的公众对环境风险感知最为强烈。

环境风险感知测量主要采用心理测量范式（马雪怡等，2017），而环境风险感知水平受环境客观风险、个体特征、信息渠道、制度信任等多种因素影响（王刚、宋错业，2018；He et al.，2014；余敏江、梁莹，2008）。Adeola（2007）发现，美国本土受访者对环境风险的感知水平显著低于外国出生居民。Gutteling 和 Wiegman（1996）认为，在环境风险沟通时，媒介的传播功能非常重要。刘朝林（2017）指出，民众环境风险感知存在明显地区差异且与对政府的信任程度密切相关。

环境风险感知研究领域较广，涉及自然环境、人文环境、健康安全等（王丽娟，2013；Burns et al.，2012；Frewer et al.，2001）。前人对气候变化、生态环境、核污染、环境健康等方面做了较多探讨（Baum et al.，1983）。例如，Mcdaniels 等（2010）发现核辐射、臭氧层破坏会对自然生态环境产生严重威胁。Carlton 和 Jacobson（2013）分析了因气候变化引起的公众沿海风险认知、情感和态度变化。Wiegman 和 Gutteling（1995）指出，相比洪水、泥石流等天灾危险，人类活动产生的技术风险所带来的负面影响更为严重。近年来，以雾霾为代表的空气污染成为环境风险感知研究的热点探讨领域，雾霾风险感知对公众旅游体验、出游意愿、目的地形象影响等方面成果颇丰（徐戈等，2017；Becken et al.，2016；张晨等，2017）。程德年等（2015）认为，雾霾所带来的健康安全风险问题是制约入境游客来华旅游的重要影响因素。程励等（2015）发现，城市雾霾污染严重影响其旅游形象，雾霾污染情况是旅游者在选择目的地时的重要考虑因素。

综上所述，前人对环境风险感知做了较多有价值的探索，从居民和旅游者的视角，从国家、旅游地和城市等视角下研究雾霾风险感知及其影响成为国内空气污染风险研究趋势。这对丰富环境风险感知理论和实践应用具有重要参考价值。

二、雾霾风险感知

空气污染问题是环境风险感知领域的重要研究议题，具有高风险、高危害性特征（王晓楠、周林意，2020；Zhang et al.，2012）。雾霾是一种常见的空气污染状态，其污染成分主要有一氧化氮、一氧化碳、二氧化硫、臭氧、PM2.5、PM10 等，对人体身心健康产生巨大威胁（芦慧等，2018；龚爱洁等，2017）。雾霾风险感知是指公众对客观雾霾环境下空气污染的主观感受，以及雾霾问题对个人身心健康等方面所造成的影响和感受（蔡李晖，2017；Li et al.，2016；Sally and Bruce，2016）。早期研究多从雾霾成因、治霾技术、产业结构调整等方面对雾霾影响因素进行探索，而从公众视角探讨雾霾风险感知及其负面影响等相关实证研究较少（孙中伟等，2018）。

空气污染的社会心理学研究对象主要是城市和郊区居民，居民对污染程度感知差异的影响因素为该领域研究重点（李静等，2015）。Hunter（2000）发现，对于美国工业生产和汽车排放导致空气污染引发一系列环境问题，移民的环境风险意识高于土著居民。Evans 等（1982）尝试运用污染问题本地化机制解释长住居民相较于新移民对空气污染风险意识更加强烈。尚志海等（2020）将时间距离、空间距离等六个维度组成心理距离与雾霾风险感知研究相结合，揭示广州被访居民对雾霾灾害的可接受性要大于深圳被访居民。此外，空气质量、污染物属性、媒体报道、人口统计学特征、社会文化特征等变量都是雾霾风险差异化感知的重要影响因素（高雪，2019；彭建等，2016；Sudarmadi et al.，2001）。近年来，游客亦成为雾霾风险感知领域的重要研究对象，以雾霾为代表的大气污染所致行动限制、安全威胁、健康威胁、游憩限制等系列风险因素是游客关心的焦点（程德年等，2015；谢朝武、申世飞，2013；Fuchs and Reichel，2004）。叶莉和陈修谦（2020）发现雾霾污染排放对外国游客规模具有明显的负向影响，同时游客风险感知的异质性特征会影响游客旅游目的地的选择倾向。李静等（2015）研究发现国内外旅游者对北京的雾霾危害有较强感知，担心雾霾影响旅游体验和降低满意度。

随着居民健康与环境意识的增强，雾霾所带来的健康风险逐渐成为社会热点（孙香玉、肖彤，2018；王园园等，2012）。孙中伟等（2018）从"社会脆弱性"和"社会建构性"理论出发，利用问卷调查法，证实处于弱势地位的人群更容易感知到雾霾的危害。李娟等（2015）通过对江宁区居民对雾霾影响健康的风险感知状况调查，发现大部分人很重视雾霾天气造成的健康影响，并积极采取相应的防护措施，但调查对象对雾霾造成的具体健康危害缺乏了解。

综上所述，雾霾风险感知实证研究已进入前人研究视野，从居民视角探讨雾霾风险感知差异影响因素以及从游客视角研究雾霾风险对旅游行为、目的地选择偏好成果颇丰，雾霾健康风险也逐渐成为社会热点，但尚未从时间尺度对居民和游客等雾霾风险感知差异进行对比分析，雾霾风险感知是否危及健康城市形象也鲜有探究。基于此，以居住（停留）时间为尺度，探讨潜在游客、短长期停留者、游客、市民等视角下雾霾风险感知差异化特征，并揭示雾霾风险感知对健康城市形象影响机制，有望为雾霾风险感知研究领域提供新的参考。

三、环境风险沟通

通常专家与公众对风险认知存在差异，对公众进行风险沟通有利于消除公众对风险的猜测和恐慌，进而更好地理解政府相关政策（何素艳，2020；华智亚，2017）。环境风险沟通是风险沟通在环境领域的具体体现，是指个体、社会、政府等就环境风险交换信息的相互作用过程，其对于环境风险的有效治理具有重要意义（黄秀蓉、张印，2020；Bostrom，2016）。

环境风险沟通研究涉及环境风险对公众健康影响、环保等多方面议题（朗格林、麦克马金，2016；Lundgren and Mcmakin，2015；邱五七、侯晓辉，2010）。沟通的主体具有多元性，包括政府、企业、公众等组织及个人（王超群，2018；毛群安等，2010）。早期风险沟通侧重于专家单向传递风险知识给公众，此模式存在的弊端便是忽视公众的恐惧心理，公众观点得不到重视，容易出现决策独断等问题，公众与政府、专家对风险感知存在差异化认知（Lahr and Kooistra，2010；郭顺华，2008）。而双向沟通更多是让公众与政府、专家等对话，让公众参与决策过程，使得决策机构能更清晰地了解公众风险认知，从而制定针对性、差异化的风险沟通策略（黄秀蓉、张印，2020；陈丽园，2013）。风险沟通模式实现由权威控制向多元沟通的民主范式变迁（张成岗、黄晓伟，2016；Cousin and Siegrist，2010）。

近年来，风险信息的流通以媒介传播为主，决策者、传播者等通过媒介收集相关信息能更好地理解风险问题以便制定更科学化的决策。其中，媒体通常以中介的身份促使风险沟通主体进行互动（Chung and Yun，2013；许静，2013；孙姣姣，2011）。风险的社会放大理论认为，风险事件在媒体传播过程中如果遇到信息不畅等问题容易引起公众猜测和恐慌心理（Austin and Fischhoff，2011）。社会信任理论认为，公众更愿意从他们信任的组织或渠道获取风险信息（Trettin and Musham，2000）。所以，在环境风险沟通过程中，良好的信任和信誉是有效沟通的前提。例如，Conchie 和 Burns（2008）揭示了开放式的风险沟通与员工对风险管理的信任密切相关。刘泽照等（2019）认为，政府应构筑相关利益主体信任，强化有效多元沟通，才能使得政策实施阻力降低。王超群（2018）指出，应从风险认知、风险决策和关系维护三个方面着手建立一种基于信任的风险沟通模式。公众参与是近年来环境风险沟通研究领域的热点议题（龚文娟，2016；杜婷婷、王勤耕，2011），研究内容涉及参与模式、驱动机制、影响因素等方面（程惠霞、丁刘泽隆，2015；王婧，2013）。李颖（2017）认为，公众通过参与重大民生政策风险评估，有利于加强风险信息的交流与整合，以使政策评估更加科学化。龚文娟（2016）发现政府和市场信任对公众风险应对行为具有显著影响，需建立有效风险沟通机制以提高公众参与风险应对的积极性。

综上所述，前人对环境风险沟通已有一定的探索，环境风险沟通的研究对象、研究内容、沟通模式等方面已有较成熟的体系，但仍处于探索阶段。值得注意的是，公众参与研究已受到前人的重点关注。鉴于此，从公众参与的视角对雾霾风险作感知评价，显得尤为重要。

四、健康城市

在"健康中国"战略背景下，健康城市建设与发展受到城市地理学、公共卫生学等相关学科的广泛关注（Yang et al.，2020；陈钊娇、许亮文，2013；杨涛，2013）。"健康城市"起源于 1842 年英国 Chadwick 报告，该报告主要探讨如何解决城市健康问题（陈柳钦，2010；傅华、李枫，2003）。1984 年，WHO 首次定义"健康城市"（Healthy City），即通过在拓展区域资源与优化环境的基础上满足居民生活的需求，从而达到城市健康发展的目标（蒋莹、常春，2012）。

在健康城市理论不断发展的同时，健康城市实践也在全球范围内得以推广（Trudy et al.，2001；梁鸿等，2003；Awofeso，2003）。1988 年，欧洲开启健康城市建设，5 年为一阶段进程，而中国健康城市建设始于 1989 年卫生城市运动，目前已进入全面和深化发展阶段（王兰、蒋希冀，2020）。1998 年，雅典"健康城市国际会议"召开后，健康城市活动在全球范围内不断推进（Werna et al.，1999；陈柳钦，2010）。

公共健康与城市规划等领域是健康城市项目进程中的热点研究方向（陈静媛，2017；Seo et al.，2019），特别是个体健康与城市环境的相关议题（Wang et al.，2019；王兰等，2020），其中城市空气质量与居民健康的关系得到学者重点关注（Kang et al.，2019；Guo et al.，2019）。Zhang 等（2020b）认为，中国 PM2.5 污染带来的公共健康风险较高，通过考察 PM2.5 污染对公众健康的影响，揭示其与慢性疾病、精神抑郁等危害人体健康因素密切相关。在城市发展过程中，由于居民的流动性不断加强，流动的地理背景的不确定性也在不断增加。流动性视角下建成环境与健康研究已进入研究视野（陶印华等，2021；王丰龙等，2021）。王丰龙等（2021）探讨居住迁移对自评健康的影响，揭示社区环境和住房条件的改善是居民自评健康状况的重要影响因素。王珂等（2021）关注季节性退休移民的环境暴露与身心健康之间的关系，发现住家附近绿色空间与身心健康具有相关关系。

健康城市评价是健康城市建设的重要环节，有利于推动健康城市可持续发展（吕书红、卢永，2017；Premila and Denise，2013）。世界卫生组织（WHO）没有制定统一的评价指标体系（陈柳钦，2010），试点城市大多从服务、环境、社会、人群等指标进行健康城市评价（于海宁等，2012；顾沈兵，2009；谢剑峰，2002）。2018 年，《全国健康城市评价指标体系（2018 版）》的发布，为全国健康城市定量评价奠定了基本统一范式。

综上所述，健康城市已成为世界城市的重要发展方向之一，其理念已融入城市规划、人居环境等与健康息息相关的各个领域，建成环境与空气质量的关系已进入研究视野。研究内容集中于从专家视角对健康城市的思考与实证研究，然而从公众视角探究健康城市发展缺少必要的关注，尚未实现环境风险感知与健康城市研究的充分对接。鉴于此，基于公众视角参考健康城市评价指标体系等设计健康城市评价量表，探索雾霾风险与健康城市形象关联研究，对推动健康城市发展具有一定参考价值。

第二节 研究区域

一、地形地貌

成都市地势特征差异显著，总体表现为西北高、东南低，并由西北向东南倾斜。成都市地貌类型以平原（40.1%）为主、山地（32.3%）和丘陵（27.6%）为辅（任德智等，2018）。东西部海拔高度差异较大，气候要素空间分布差异明显（冯齐友，2017）。成都平原四面环山的特殊地理环境使得大气污染不易疏散，空气流动幅度受限，这与成都市雾霾严重有着必然的联系（戴小文等，2016）。

成都市由于巨大的垂直高差，在市域内形成 1/3 平原、1/3 丘陵、1/3 高山的独特地貌类型。首先，这种特殊的地形使成都市的空气循环流动受到影响，导致成都市常年静风（王小红等，2021）。其次，地形地貌的巨大差异也是导致空气污染空间差异的重要原因（罗菊英等，2018）。

二、气候特点

成都市地处亚热带季风气候区，热量充足，雨量丰富，四季分明，雨热同期（谢雨竹等，2015）。除西北边缘部分山地以外，由于受到北方秦岭大巴山的地形影响，冬季冷空气被阻挡在四川盆地的外围，导致了成都市冬天的温度相对较高，夏季下沉气流让成都市持续高温，使得成都市大部分地区表现出春夏季节偏暖，秋季偏冷，夏长冬短，无霜期长，秋雨和夜雨较多，风速小，湿度大，云雾多，日照少（见表2-1）。而温度、降水等情况的变化会导致空气质量的恶化，加剧空气污染造成的环境和健康负担（吴雅珍等，2023；施小明，2021）。地面风速小、常伴有逆温层出现、多湿热的天气极易导致静稳天气，这种天气不利于空气污染的扩散、稀释和清除（栗培真等，2020）。

表 2-1 2013~2021 年成都市气象情况

年份	平均气温（摄氏度）	日照时间（时）	霾日（天）	降雨日（天）	降雨量（毫米）	平均风速（米/秒）
2013	16.9	1128.8	38	183	1343.3	1.1
2014	16.0	8758.0	106	207	975.1	1.3
2015	16.0	1038.4	84	197	880.2	1.3
2016	16.8	1088.5	67	181	983.9	1.3
2017	16.6	1156.7	60	186	966.9	1.3
2018	16.5	1185.8	43	150	1241.2	1.4
2019	16.8	804.2	45	230	1068.5	1.3
2020	16.6	939.3	45	153	1229.2	1.4
2021	17.1	1073.9	157	160	959.1	1.3

资料来源：《成都统计年鉴》（2014~2022 年）。

三、空气质量

本书收集整理 2014~2022 年的主要污染物浓度数据，纵向对比了 2014~2022 年成都市各污染物年均浓度变化状况，横向比较了 2022 年 1~12 月的 PM2.5 浓度变化（见表 2-2），其中 2022 年 PM2.5 浓度取每月平均值计算，结果取整为 39μg/m³。首先，成都市各主要污染浓度方面，PM2.5 浓度从 2014 年的 77μg/m³ 下降到 2022 年的 39μg/m³，下降比例达 49.4%；PM10 浓度由 2014 年的 123μg/m³ 下降到 2022 年的 58μg/m³，下降比例 52.8%；SO_2 浓度由 2014 年的 19μg/m³ 下降到 2022 年的 4.25μg/m³，下降比例 77.6%；NO_2 浓度由 2014 年的 59μg/m³ 下降到 2022 年的 30μg/m³，下降比例 49.2%；NO 浓度从 2014 年的 2mg/m³ 下降到 2022 年的 0.825mg/m³，下降比例 58.75%；O_3 浓度由 2014 年的 148μg/m³ 上升至 2017 年的 171μg/m³，再下降至 2022 年的 147μg/m³，整体无明显变化。其次，2022 年 PM2.5 月均浓度中，最高为 1 月（N=67），再次为 12 月（N=57），最佳为 8 月和 9 月（N=24）。

表 2-2 2014~2022 年成都市环境空气主要污染物浓度

年份	PM2.5（μg/m³）	PM10（μg/m³）	SO_2（μg/m³）	NO_2（μg/m³）	NO（mg/m³）	O_3（μg/m³）
2014	77	123	19	59	2	148
2015	64	108	14	53	2	183

续表

年份	PM2.5（μg/m³）	PM10（μg/m³）	SO₂（μg/m³）	NO₂（μg/m³）	NO（mg/m³）	O₃（μg/m³）
2016	63	105	14	54	1.8	168
2017	56	88	11	53	1.7	171
2018	51	81	9	48	1.4	167
2019	43	68	6	42	1.1	160
2020	41	64	6	37	1	169
2021	40	61	6	35	0.9	127
2022	39	58	4.25	30	0.825	147

注：NO 数据为 24 小时平均第 95 百分位数，O₃ 数据为日最大 8 小时滑动平均第 90 百分位数。

资料来源：2014~2022 年成都市环境质量状况。

综上所述，PM2.5 和 PM10 污染物浓度的下降表明成都市雾霾污染治理情况的好转，但应当格外关注 O₃ 等诱发的空气污染，并进一步综合治理。

四、城市污染

城市工业污染物排放大气污染源中主要的组成部分，占到总污染负荷的 50%~70%（陈敏等，2022）。汽车、石化等重工业在成都市的第二产业中占据重要位置，但这些工业在生产过程中消耗大量能源，导致大量工业污染物被排放。2021 年，成都市工业能源消耗总量、工业污染物排放较往年总体呈现上升趋势，其中工业烟（粉）尘逐年下降，一定程度上治理效果显著，但总体情况不容乐观（见表 2-3）。研究显示空气污染与工业能源消耗呈正相关关系（Zhang et al.，2023）。大气污染物的直接排放会导致较大的健康损失和经济损失（胡佩雯等，2023）。

表 2-3　2014~2021 年成都市工业污染物排放情况

年份	工业废水（万吨）	工业废气（亿标立方米）	工业烟（粉）尘（万吨）
2014	10064	2447	2.56
2015	11453.00	1711.00	2.07
2016	9262.00	2105.00	1.25
2017	8319.08	3858.75	0.99
2018	7910.75	2605.69	0.85

年份	工业废水 （万吨）	工业废气 （亿标立方米）	工业烟（粉）尘 （万吨）
2019	9290.36	4429.62	0.89
2020	9199.76	5895.57	0.83
2021	9363.59	6330.65	0.55

资料来源：《成都统计年鉴》（2015~2022年）。

随着成都市经济发展与城市规划建设以及居民生活水平的显著提高，成都市交通道路里程、机动车总量逐年递增，其中私家车在机动车的占比越来越高，2022年占比达到75%（见图2-1、表2-4）。据公安部统计，2022年全国机动车保有量的城市排名中，成都市位列第二，仅次于北京市。一方面，汽车行驶过程中排放的尾气中包含大量的二氧化氮、二氧化硫等空气污染物，汽车尾气排放是造成空气污染的重要原因（曹英楠、杨耀，2018）。另一方面，通过增加公共交通基础设施和限行政策等能有效改善空气质量（Li，2023；孙传旺等，2019）。

图2-1 成都市空气污染实景

资料来源：何莉拍摄，2021年。

表2-4 2015~2022年成都市交通道路情况

年份	公路里程 （千米）	高速公路 （千米）	新建公路 （千米）	机动车 （万辆）	汽车 （万辆）
2015	22972	751	2169	428.6	331
2016	26037	925	2053	466.7	371.2

年份	公路里程（千米）	高速公路（千米）	新建公路（千米）	机动车（万辆）	汽车（万辆）
2017	26294	959	1920	494.2	398.2
2018	27731	958.7	—	548.4	407.2
2019	28260	1055.1	210	577.2	424.4
2020	29627	1177.5	281	603.8	441.4
2021	29520	1240	386	633.6	460.5
2022	29322	1240	471	660.7	502.2

资料来源：成都市国民经济和社会发展统计公报（2015～2022 年）。

五、健康城市

2016 年，成都市获批全国首批健康城市建设试点城市，随后成立"成都市健康城市建设技术指导中心"，将健康城市行动计划纳入"十三五"规划。由此，成都市健康城市建设已初见成效，故参考《全国健康城市评价指标体系（2018 版）》一、二级指标并结合当地实际情况，对成都市健康城市建设情况予以简要介绍（成都市统计局，2020；成都市卫生健康委员会，2021）。

（1）健康环境方面，成都市以绿色发展理念、新发展理念为倡导，加大环境污染防治力度，污染防治取得实质性进展。其中，水环境质量、空气质量得到明显改善；积极打造公园城市，优化生态环境，大力创建卫生城市，环境质量得到明显提升（见表 2-5）。

表 2-5　成都市健康环境评价指标建设概况

一级指标	二级指标	成都概况
健康环境	空气质量	①环境空气质量优良天数占比（76.5%）；②重度及以上污染天数明显减少
	水质	①生活饮用水水质达标率；②集中式饮用水水源地安全保障达标率（县城以上 100%）
	垃圾废物处理	生活垃圾无害化处理率（100%）
	其他相关环境	①森林覆盖率（40.2%）；②市辖区建成区绿化覆盖率（43.9%）；③国家卫生县城（100%）、卫生镇（84.4%）

资料来源：成都市国民经济和社会发展统计公报（2020 年）；成都市卫生健康事业发展统计公报（2020 年）。

（2）健康社会方面，2020 年，成都市继续健全社会保障。其中，对教育、卫生等公共服务的投资增长较快；职业健康监测力度加大，重点推进职业病监测；教育事业不断进步，优质教育资源供给加强；加强食品安全监督管理，推进"明厨亮灶"建设；继续开展"健康细胞工程"建设和院落环境卫生整治工作；民生保障、社区服务、养老设施等方面还需加强政府财政投入力度（见表 2-6）。

表 2-6　成都市健康社会评价指标建设概况

一级指标	二级指标	成都概况
健康社会	社会保障	全市参加城镇职工基本养老保险人数（960.8 万人）
	健身活动	组织各级各类全民健身活动（4575 场次）
	职业安全	职业健康检查覆盖率（90.3%）
	食品安全	食品抽样检验（3 批次/千人）
	文化教育	学生体质监测优良率高
	养老	社区养老服务机构和设施（2489 个），拥有床位（12.5 万张）
	健康细胞工程	新建市级健康街道（乡镇）（28 个），市级健康社区（村）（96 个），市级健康单位（155 个）

资料来源：成都市卫生健康事业发展统计公报（2020 年）。

（3）健康服务方面，2020 年，全市共有 21 个妇幼保健院，均达到二级甲等及以上水平；全市医疗卫生机构 11954 个，相比上年减少 167 个；从卫生人力资源看，卫生人员数量总体增加，医院卫生人员占比最高（65.73%），达 16.40 万人；全市卫生技术人员中，大专（40.43%）、本科（35.29%）学历占比最高。同时，继续开展医养结合服务、中医药服务、健康信息及管理服务等（见表 2-7）。

表 2-7　成都市健康服务评价指标建设概况

一级指标	二级指标	成都概况
健康服务	精神卫生管理	严重精神障碍患者规范管理率优良
	妇幼卫生服务	①3 岁以下儿童系统管理率（98.12%）；②孕产妇系统管理率（98.06%）
	卫生资源	①每千人口执业（助理）医师（4.25 人）（预估）；②每万人口专业公共卫生机构人员（7.17 人）（预估）；③每千人口床位数 9.04 张（预估）；④97.07%的村卫生室和 100%的社区卫生服务站可提供中医药服务

资料来源：成都市卫生健康事业发展统计公报（2020 年）。

（4）健康人群方面，2020 年，全市城乡居民人均期望寿命 81.52 岁，比上年增加 0.51 岁；全市孕产妇死亡率、婴儿死亡率持续下降；传染病发病率低于法定发病率；在慢性病防治方面，需加强慢性病综合监测工作，稳步推进重点慢性病发病监测（见表 2-8）。

表 2-8　成都市健康人群评价指标建设概况

一级指标	二级指标	成都概况
健康人群	健康水平	①人均预期寿命（81.52 岁）；②婴儿死亡率（2.27%）；③孕产妇死亡率（4.55/10 万）
	传染病	乙类传染病报告发病率（150.71/10 万）
	慢性病	全市死亡率（611.36/10 万）

资料来源：成都市卫生健康事业发展统计公报（2020 年）。

（5）健康文化方面，文化事业繁荣发展。成都市持续推动世界文化名城建设，成都博物馆、建川博物馆获评国家一级博物馆。开展大型控烟宣传活动，积极组织全民健身，全市居民健康素养水平达到 26.82%（见表 2-9）。

表 2-9　成都市健康文化评价指标建设概况

一级指标	二级指标	成都概况
健康文化	健康素养	居民健康素养水平（26.82%）
	健康行为	①15 岁以上人群吸烟率（23.8%）；②参与全民健身活动人数 1500 万人次
	健康氛围	注册志愿者达到 23.43 万人

资料来源：成都市卫生健康事业发展统计公报（2020 年），《成都统计年鉴》（2020 年）。

第三节　数据与方法

一、数据来源

预调研阶段（2019 年 3 月 23 日至 4 月 20 日）采用"滚雪球抽样法"，通过即时聊天工具、电子邮件等方式，邀请受访对象自主填写并推荐他人填写问卷星平台网络问卷（https://www.wjx.cn/jq/36416084.aspx）。正式调研阶段（2019 年 4 月 5 日至 5 月 26 日）采用"便利抽样法"，分别于成都市中心城区的天府广场、人民公园、成都市博物馆，以及宽窄巷子、锦里、大熊猫繁育研究基地等主要景区发放纸质问卷。预调研阶段共收集问卷 289 份，其中有效问卷 262 份，问卷有效率 90.7%；正式调研阶段发放 310 份，收回有效问卷 278 份，问卷有效率 89.7%。两阶段累计收回有效问卷 540 份，有效率 90.2%。

二、问卷设计

以李克特 5 分制量表为度量尺度，参考雾霾风险感知和健康城市评价相关量表，特别是《全国健康城市评价指标体系（2018 版）》，设计自填式半封闭结构化问卷（徐戈等，2017；彭建等，2016；李静等，2015；国家卫生健康委员会，2018；陈大杰等，2017；王兰等，2020；袁相波等，2016；贾红等，2012）。量表由人口学特征、健康城市评价指标、理想健康城市和雾霾风险感知四部分及一项关于健康城市建设意见的开放性问题组成。

健康城市评价指标反映了调研对象对健康城市是否达标的认知。参考《全国健康城市评价指标体系（2018 版）》健康环境、健康社会等一级指标及空气质量、健康水平等二级指标，设计空气质量好（A1）、生活饮用水质好（A2）、公共绿地多（A5）、城市健身场地多（A6）、医院数量多（A9）、居民健康知识水平高（A13）、我周围吸烟的人少（A15）等 15 个测试项（国家卫生健康委员会，2018）。量表的方向或强度描述语分别是完全不同意（1）、基本不同意（2）、一般（3）、基本同意（4）、完全同意（5）。理想健康城市和雾霾风险感知这两组问题均设计为两维度测试项（Two-dimensional Pattern）。理想健康城市测试项采用"非常糟糕<-->非常理想"这一相互矛盾的形容词，刻画调研对象对于成都市是否是理想健康城市的感知特征。雾霾风险感知的引导性问题是"提到成都市的雾霾，您的感受是什么？例如，'1'分为越来越严重；'5'分为逐渐减轻"。人口学特征包含籍贯、性别、年龄、受教育程度、职业以及在成都市居住（停留）时间。使用克朗巴哈系数对健康城市评价指标和雾霾风险感知进行信度检验，问卷总体一致性系数分别为 0.903、0.892（a>0.5），同质稳定性好（见附录 3）。

三、数据处理

使用社会科学统计软件包（IBM SPSS Statistics 21.0）与阿莫斯结构方程模型软件（IBM SPSS Amos 21.0）作为定量数据分析工具。第一，运用描述性统计分析揭示人口学特征并计算雾霾风险感知、健康城市指标评价与理想健康城市测试项的均值排序。第二，采用计算变量、个案排序、选择个案等过程将 540 份问

卷随机分为两个部分，其中 DATA1 与 DATA2 分别包含 270 份问卷。第三，基于
DATA1，使用探索性因子分析探测健康城市评价指标的维度特征，运用克朗巴哈
系数检验数据内部一致性。第四，采用缺失值邻近点的中位数对 DATA2 缺失值
作处理，并使用验证性因子分析检验健康城市评价指标测量模型的信效度。第
五，基于研究假设将居住（停留）时间、雾霾风险感知、健康城市评价指标以
及理想健康城市评价组合为结构方程模型。第六，根据拟合指数对模型进行评
价，参考修正指数和临界比率修正模型对模型做出解释、验证假设。

四、研究假设

采用结构方程模型，调查公众对雾霾风险和健康城市评价指标及理想健康城
市测试项的感知特征，阐明居住（停留）时间、雾霾风险感知、健康城市评价
指标与理想健康城市测试项等变量间的认知结构关系，以期为规划建设理想的健
康城市提供科学依据。基于健康城市形象和雾霾风险感知测量的探索性研究（叶
波等，2019；何莉等，2020；梁越，2021；彭涛、杨勉，2020），提出如下假设：

H2-1：公众对雾霾风险感知与健康城市评价态度不一。

H2-2：雾霾风险感知对健康环境的直接影响大于其对于健康社会、健康意
识的效应。

H2-3：雾霾风险感知与健康城市指标均会对理想健康城市形象造成直接
影响。

H2-4：健康意识与健康社会对于健康城市评价指标的贡献度显著大于健康
环境。

H2-5：居住（停留）时间越长，越能够感受到雾霾所带来的风险，从而导
致对健康环境做出较为负面的评价。

第四节　研究结果

一、样本概况

样本含不同性别、年龄段、文化程度、职业等信息，随机性强，数据可靠。

调研对象半数以上来自四川省（57.2%），男性（44.3%）占比小于女性（54.6%），中青年（18～34 岁）占比 81.1%。本科及以上受教育程度者超 65.7%，学生（38.0%）与全职工作群体（41.1%）合并占比 79.1%。在成都市学习、工作、生活等≥1 年及成都市民分别占总样本的 31.1%和 22.6%，游客群体占 28.0%（见表 2-10）。

表 2-10　人口学特征

	个数	百分比（%）		个数	百分比（%）
性别			籍贯		
男	239	44.3	四川省内	309	57.2
女	295	54.6	四川省外	208	38.5
N/A	6	1.1	N/A	23	4.3
学历			年龄		
初中、中专、小学	39	7.2	18 岁以下	9	1.7
高中、职高	39	7.2	18～24 岁	276	51.1
大专	102	18.9	25～34 岁	162	30.0
本科	250	46.3	35～44 岁	44	8.1
硕士及以上	104	19.3	45～54 岁	23	4.3
其他	5	0.9	55～64 岁	16	3.0
N/A	1	0.2	65 岁及以上	8	1.5
职业			不回答	2	0.4
全职工作	222	41.1	N/A	0	0
兼职工作	11	2.0	居住时间		
学生	205	38.0	没有来过成都市	17	3.1
自主创业	38	7.0	游客	151	28.0
退休	18	3.3	<1 年	80	14.8
待业	21	3.9	≥1 年	168	31.1
其他	21	3.9	成都市民	122	22.6
N/A	4	0.7	N/A	2	0.4

二、描述性统计分析

以全部测试项的均值（M = 2.998）作为分段指标，将其划分为两个分值段。

"越来越严重—逐渐减轻"（M=3.160）、"非常害怕—丝毫不恐惧"（M=3.080）、"难以容忍—可以容忍"（M=3.070）这三个测试项位于第一分值段（5.000>M≥2.998）；"非常担心—不担心"（M=2.920）、"严重影响健康—对健康没有影响"（M=2.760）位于第二分值段（2.998>M≥2.760）。其中，超过40%受访对象倾向于认为成都市雾霾逐渐减轻；约30%受访对象出现负面情绪，感到非常害怕雾霾；超过40%受访者倾向于认为雾霾严重影响健康。相较而言，约30%的受访对象出现负面情绪，感到非常害怕雾霾；超过40%受访者倾向于认为雾霾严重影响健康，即他们在对应测试项上的选择为1~2分（见表2-11）。

表2-11 雾霾风险感知均值排序、标准差与有效百分比

测试项	人数（N）	均值（M）	标准差（SD）	有效百分比（%）（VF）				
				1	2	3	4	5
越来越严重—逐渐减轻	526	3.16	1.231	12.5	15.0	32.1	24.1	16.2
非常害怕—丝毫不恐惧	527	3.08	1.139	10.1	19.5	34.2	24.9	11.4
难以容忍—可以容忍	524	3.07	1.142	10.1	19.7	35.1	23.3	11.8
-----------------------M=2.998-----------------------								
非常担心—不担心	526	2.92	1.227	16.3	20.7	27.8	25.3	9.9
严重影响健康—对健康没有影响	524	2.76	1.134	16.6	23.7	32.8	21.2	5.7

超过65%的受访对象认为成都市是理想的健康城市，且该项指标的均值（M=3.730）略高于健康城市评价指标均值（M=3.562）。"公共绿地""医院数量""医疗水平"等七个测试项位于第一分值段（5.000>M≥3.562）；"发病率低""健康知识"等八个测试项位于第二分值段（3.562>M≥2.940）。其中，"公共绿地"（M=3.950）、"医院数量"（M=3.880）、"医疗水平"（M=3.820）排名前三位，且有超过70%的受访对象选择了"基本同意"或"完全同意"的评价项。超过50%的受访对象倾向于认为"垃圾处理"（M=3.750）、"公共厕所"（M=3.740）、"居民健康"（M=3.670）、"健身场地"（M=3.570）、"发病率低"（M=3.540）、"健康知识"（M=3.540）、"锻炼人数"（M=3.510）这七项指标达到健康城市标准。相较而言，"食品安全"（M=3.360）、"空气质量"（M=3.260）、"吸烟人数"（M=2.940）这三项指标的均值排名垫底。其中，35.3%的受访对象不认为"我周围吸烟的人少"；18.4%的受访对象对空气质量

给出了负面评价；14.8%的受访对象对食品安全不放心。基于雾霾风险感知和理想健康城市测试项描述性统计分析结果，发现"公众对雾霾风险感知与健康城市评价态度不一"，故 H2-1 得到支持（见表 2-12）。

表 2-12　健康城市形象感知均值排序、标准差与有效百分比

测试项	人数（N）	均值（M）	标准差（SD）	有效百分比（%）（VF）				
				1	2	3	4	5
A5 公共绿地	533	3.95	0.868	1.5	4.1	18.8	49.0	26.6
A9 医院数量	529	3.88	0.848	0.9	4.7	23.1	48.4	22.9
A10 医疗水平	520	3.82	0.867	1.3	6.0	21.9	50.6	20.2
A3 垃圾处理	534	3.75	0.848	0.9	6.0	27.7	47.6	17.8
A4 公共厕所	534	3.74	0.920	1.3	6.9	30.0	40.1	21.7
A11 居民健康	524	3.67	0.862	1.3	6.1	33.0	43.7	15.8
A6 健身场地	530	3.57	0.850	1.3	7.7	35.5	43.4	12.1
------------M=3.562------------								
A12 发病率低	521	3.54	0.942	3.3	8.1	34.2	40.5	14.0
A13 健康知识	520	3.54	0.877	1.5	9.0	36.0	41.2	12.3
A14 锻炼人数	529	3.51	1.017	3.6	11.5	32.1	35.9	16.8
A2 饮用水质	535	3.47	0.871	2.1	6.7	45.8	32.9	12.5
A8 养老设施	522	3.44	0.877	2.1	9.2	41.8	36.4	10.5
A7 食品安全	535	3.36	0.956	4.5	10.3	40.0	35.0	10.3
A1 空气质量	539	3.26	1.000	5.8	12.6	41.9	29.3	10.4
A15 吸烟人数	536	2.94	1.142	11.8	23.5	33.8	21.3	9.7
糟糕—理想	532	3.73	0.791	1.3	3.8	28.9	52.3	13.7

三、回归分析

为揭示健康城市评价指标因子、雾霾风险感知因子对健康城市形象的影响，运用健康城市评价指标（15 项变量）、雾霾风险感知（5 项变量）分别与健康城市形象做回归分析。

逐步回归结果表明：健康城市评价指标与健康城市形象的回归模型中，模型引入的变量有"生活饮用水质好""传染病、慢性病发病率低"等 8 项，其余 7 项健康城市变量不符合回归要求而被移除（见表 2-13）。

表 2-13　健康城市评价指标与健康城市形象输入/移除的变量

输入的变量	移除的变量
生活饮用水质好	生活垃圾及时清运处理
传染病、慢性病发病率低	城市健身场地多
食品安全放心	公共养老设施充足
空气质量好	医院数量多
居民健康知识水平高	医疗水平普遍较高
公共绿地多	居民健康水平普遍较高
公共厕所数量多、卫生好	我周围吸烟的人少
我周围经常参加锻炼的人多	

注：因变量：非常糟糕—非常理想；方法：逐步（准则：F-to-enter 的概率 ≤ 0.050，F-to-remove 的概率 ≥ 0.100）。

通过健康城市评价指标与健康城市形象的模型摘要可知，自变量与因变量相关性 $R = 0.597^h$，调整后的 $R^2 = 0.351$，表明自变量与因变量相关性较好，八项健康城市评价指标因子可以解释健康城市形象 35.1% 的变化，说明"生活饮用水质好""传染病、慢性病发病率低"等八项变量是影响健康城市形象的重要因素（见表 2-14、附录 1）。

表 2-14　健康城市评价指标与健康城市形象的模型摘要

R	R^2	调整后的 R^2	估计值的标准误差	F	显著性
0.597^h	0.357	0.351	0.619	57.599	0.000

注：h 表示预测自变量（常数）：生活饮用水质好；传染病、慢性病发病率低；食品安全放心；空气质量好；居民健康知识水平高；公共绿地多；公共厕所数量多、卫生好；我周围经常参加锻炼的人多。

雾霾风险感知与健康城市形象的回归模型中，模型引入的变量有"非常害怕—丝毫不恐惧""越来越严重—逐渐减轻"两项，其余三项雾霾风险感知变量不符合回归要求而被移除（见表 2-15）。

表 2-15　雾霾风险感知与健康城市形象输入/移除的变量

输入的变量	移除的变量
非常害怕—丝毫不恐惧	非常担心—不担心
越来越严重—逐渐减轻	严重影响健康—不影响健康

续表

输入的变量	移除的变量
	难以容忍—可以容忍

注：因变量：非常糟糕—非常理想；方法：逐步（准则：F-to-enter 的概率≤0.050，F-to-remove 的概率≥0.100）。

通过雾霾风险感知与健康城市形象的模型摘要可知，自变量与因变量相关性 R=0.349[h]，调整后的 R^2=0.120，表明自变量与因变量相关性一般，两项雾霾风险感知因子可以解释健康城市形象 12%的变化，说明"非常害怕—丝毫不恐惧""越来越严重—逐渐减轻"是雾霾风险感知变量中影响健康城市形象的重要因素（见表 2-16、附录 2）。

表 2-16 雾霾风险感知与健康城市形象的模型摘要

R	R^2	调整后的 R^2	估计值的标准误差	F	显著性
0.349[h]	0.122	0.120	0.716	60.634	0.000

注：h 表示预测自变量（常数）：非常害怕—丝毫不恐惧；越来越严重—逐渐减轻。

四、探索性因子分析

抽样适当性检验值（KMO=0.866）为 0.5~1.0，巴特莱特球形检验值（χ^2=1096.307，df=55，p<0.001），表明适合做因子分析。采用 Kaiser 标准化的正交旋转法，提取结果在五次迭代后收敛，三个主成分因子累计解释方差比例为 65.122%，数据可靠、一致性强（0.840>a>0.795）。"发病率低"（A12）、"垃圾处理"（A3）、"公共厕所"（A4）三项因子载荷低于 0.6，"食品安全"（A7）因在两个主因子的载荷均较高而被删除。

第一个公因子包含"公共绿地""健身场地""医院数量""医疗水平""居民健康"等变量。健康城市通过提供充足的绿地、足量的健身活动设施、有利于身心健康的工作学习和生活环境，使公众享受高效的医疗社会保障，故将其命名为"健康社会"（Factor 1）。第二个公因子在"健康知识""锻炼人数""吸烟人数"三个变量上载荷较高，表现为公众对健康知识和信息的掌握程度，特别是关于健康身心的正确价值观和行为以及获得身心健康的信心，故将其命名为"健康意识"（Factor 2）。第三个公因子命名为"健康环境"（Factor 3），涉及"空气质量"和"饮用水质"，这两项是与健康城市发展目标密切关联的决定性因素（见表2-17）。

表 2-17 探索性因子分析与验证性因子分析

测试项	探索性因子分析			验证性因子分析		
	因子载荷			SMC[a]	SRW[b]	t-value（C. R.）[c]
Factor 1 健康社会						
A5 公共绿地多	0.676			0.327	0.572	7.695
A6 城市健身场地多	0.638			0.354	0.595	7.937
A8 公共养老设施充足	0.744			0.423	0.650	8.035
A9 医院数量多	0.766			0.377	0.614	7.695
A10 医疗水平普遍较高	0.830			0.460	0.679	11.257
A11 居民健康水平普遍较高	0.648			0.594	0.771	9.542
Factor 2 健康意识						
A13 居民健康知识水平高		0.622		0.646	0.804	9.976
A14 我周围经常参加锻炼的人多		0.766		0.423	0.651	9.976
A15 我周围吸烟的人少		0.741		0.222	0.471	6.656
Factor 3 健康环境						
A1 空气质量好			0.909	0.719	0.848	10.230
A2 生活饮用水质好			0.878	0.681	0.825	10.230
初始特征值	4.810	1.291	1.062			
解释方差（%）	43.732	11.732	9.658			
累计解释方差（%）	43.732	55.464	65.122			
α 系数	0.858	0.636	0.840			

注：a：SMC（Squared Multiple Correlations）：平方复相关系数；b：SRW（Standardized Regression Weights）：标准化路径系数；c：C. R.（Critical Ratio）：临界比率。

五、验证性因子分析

健康城市评价指标初始模型拟合不理想，临界比率大于2，且各拟合指标均不达标，故通过观察修正指数（MI），寻找 MI 最大值，对模型予以修正。e_1 与 e_2 的 MI 值最大（30.807），因此先考虑在二者之间增加一条相关路径。重新估计模型，发现 e_5 与 e_6 的 MI 值最大（25.829），故增加路径。

通过三轮模型估计，有效地降低了 χ^2/df，RMSEA、CFI 等拟合指数均符合标准，表明模型三拟合情况较好。观测变量的标准化估计值（0.471<SRW<0.848）、平方复相关系数（0.054<SMC<0.911）能够较好地解释非观测变量（见表 2-18、图 2-2）。

表 2-18　验证性因子分析模型拟合指数

模型	χ^2/df	CFI	TLI	RMSEA	PNFI	IFI	增加路径
模型一	4.051	0.894	0.858	0.106	0.645	0.895	
模型二	3.313	0.921	0.892	0.093	0.649	0.922	e_1<-->e_2
模型三	2.600	0.947	0.925	0.077	0.667	0.948	e_5<-->e_6
参考标准	越接近1表示拟合越好	≥0.90	≥0.90	<0.08	越接近1表示拟合越好	≥0.90	

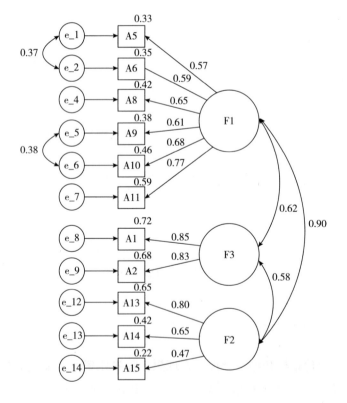

图 2-2　测量模型估计

六、结构方程模型测试

将健康城市评价指标测量模型与雾霾风险感知因子、居住（停留）时间因子组合为结构方程模型。模型共计 46 个变量，含 18 个观测变量，28 个非观测变量。TLI（0.897）低于标准值，RMSEA（0.074）偏大，初始结构方程模型拟合情况不理想，有必要对模型予以修正（见表 2-19）。

表 2-19　结构方程模型拟合指数

模型	χ^2/df	CFI	TLI	RMSEA	PNFI	IFI	备注
模型一	2.484	0.914	0.897	0.074	0.715	0.915	
模型二	2.345	0.923	0.906	0.071	0.720	0.924	e_18<-->e_19
模型三	2.220	0.930	0.915	0.067	0.720	0.931	e_6<-->e_8
参考标准	越接近 1 表示拟合越好	≥0.90	≥0.90	<0.08	越接近 1 表示拟合越好	≥0.90	

初始结构方程模型中全部路径的 CR 值均大于 2，且 P 值在 0.001 水平显著，因此不考虑对模型进行限制，仅参考修正指数对模型进行扩展。e_18 与 e_19 的 MI 值很大（17.612），通过在二者之间增加一条相关路径，并重新对模型二进行估计，使得拟合值均达标，仅 RMSEA（0.071）仍偏大。经修正，e_6 与 e_8 的 MI 值依然很大（16.701），故在二者之间增加一条相关路径，得到模型三。经三轮模型估计，拟合指数均符合标准，观测变量的标准化估计值（-0.230<SRW<0.925）、平方复相关系数（0.593<SMC<0.842）较为理想，较好地解释了非观测变量。结构方程模型标准化解和最优模型路径系数估计对研究假设的验证情况如表 2-20、图 2-3 所示。

表 2-20　最优模型路径系数估计

变量名	路径	变量名	S.E.[a]	C.R.[b]	P[c]	SRW[d]
F4	<---	L	0.029	-3.541	***	-0.230
F3	<---	F5	0.169	8.062	***	0.498
F2	<---	F5	0.189	7.530	***	0.883
F3	<---	F4	0.150	8.183	***	0.569

变量名	路径	变量名	S. E. [a]	C. R. [b]	P [c]	SRW [d]
F2	<---	F4	0.082	5.630	***	0.363
F1	<---	F4	0.062	5.078	***	0.348
F1	<---	F5	0.136	7.854	***	0.867
A13	<---	F2	0.096	11.241	***	0.812
C1	<---	F4	0.098	9.660	***	0.488
C2	<---	F4	0.141	12.177	***	0.794
C3	<---	F4	0.149	11.424	***	0.857
C4	<---	F4	0.153	11.369	***	0.851
A6	<---	F1	0.102	9.212	***	0.556
A8	<---	F1	0.142	7.933	***	0.627
A9	<---	F1	0.143	7.822	***	0.618
B1	<---	F4	0.078	6.823	***	0.403
A10	<---	F1	0.149	8.446	***	0.691
A11	<---	F1	0.156	9.217	***	0.803
A5	<---	F1	0.108	9.809	***	0.576
C5	<---	F4	0.146	10.686	***	0.780
A2	<---	F3	0.057	13.337	***	0.788
A1	<---	F3	0.057	18.060	***	0.925
A14	<---	F2	0.091	10.328	***	0.651
A15	<---	F2	0.106	7.702	***	0.495
B1	<---	F5	0.127	6.558	***	0.496

注：a：S. E. （Standard Estimates）：标准化估计值；b：C. R. （Critical Ratio）：临界比率；c：P（Probability）：显著性概率，*** 表示在 0.01 水平上显著；d：SRW（Standardized Regression Weights）：标准化路径系数。

第一，雾霾风险感知（F4）对健康社会（F1）、健康意识（F2）、健康环境（F3）的直接效应达到显著水平（0.363<SRW<0.569，5.078<t<8.183，P 值在 0.01 水平上显著）。其中，雾霾风险感知（F4）对健康环境（F3）（SRW=0.569，t=8.183，P 值在 0.01 水平上显著）的直接效应大于其对健康意识（F2）（SRW=0.363，t=5.630，P 值在 0.01 水平上显著）和健康社会（F1）（SRW=0.348，t=5.078，P 值在 0.01 水平上显著）的直接效应，故 H2-2 得到支持。

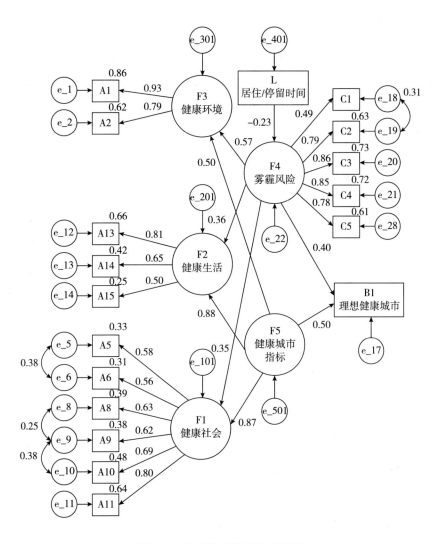

图 2-3　结构方程模型标准化解

第二，雾霾风险感知（F4）对理想健康城市（B1）的直接效应达到显著水平（SRW=0.403，t=6.823，P 值在 0.01 水平上显著）；健康城市指标（F5）对理想健康城市（B1）的直接效应达到显著水平（SRW=0.496，t=6.558，P 值在 0.01 水平上显著）。因此，H2-3 得到支持，即"雾霾风险感知与健康城市指标均会对理想健康城市形象造成直接影响"。

第三，健康社会（F1）、健康意识（F2）、健康环境（F3）对健康城市指标（F5）的直接效应达到显著水平（0.496<SRW<0.867，7.530<t<8.062，P 值在

0.01 水平上显著）。其中，健康意识（F2）（SRW=0.883，t=7.530）的直接效应略大于健康社会（F1）（SRW=0.867，t=7.854），显著大于健康环境（F3）（SRW=0.498，t=8.062）。由此，健康意识与健康社会对于健康城市评价指标的贡献度显著大于健康环境，H2-4 得到支持。

第四，居住（停留）时间（L）对于雾霾风险感知（F4）的直接效应达到显著水平（SRW=-0.230，t=-3.501，P 值在 0.01 水平上显著）。居住（停留）时间（L）以雾霾风险感知为中介变量对理想健康城市（B1）的间接效应仅为-0.093，对健康社会（F1）、健康意识（F2）、健康环境（F3）的间接效应分别为-0.080、0.084、-0.131。换言之，居住（停留）时间越长，越能够感受到雾霾所带来的风险，从而导致对健康环境做出较为负面的评价，故 H2-5 得到验证。

第五节　本章小结

针对雾霾污染与健康城市建设之间的突出矛盾，采用实证研究设计，运用结构方程模型，揭示雾霾风险视域下健康城市形象认知结构关系，取得如下认识：

第一，受访者对成都市的雾霾风险感知出现了两极分化的情形，且倾向于对成都市作为理想健康城市做出正向评价（H2-1）（叶波等，2019；何莉等，2020；梁越，2021；彭涛、杨勉，2020）。一方面，超过30%的受访对象对雾霾风险做出逐渐减轻、可以容忍且不担心这样的正面感知评价；另一方面，超过30%的受访对象认为雾霾严重影响健康，感到非常害怕。这与旅京游客或北京市居民风险感知及态度呈现出的显著差异性特征类似（彭建等，2016；李静等，2015）。就雾霾风险感知均值排序结果而言，严重影响健康—对健康没有影响（身体风险）＞非常害怕—丝毫不恐惧（心理风险）、非常害怕—丝毫不恐惧（心理风险）。上述结果与张爱平和虞虎（2017）关于雾霾影响下的旅京游客风险感知排序一致，但与李静等（2015）的同类研究存在差异。研究表明，调研对象倾向于对成都市作为理想健康城市做出正向评价。超过50%的受访对象认为"公共绿地""医院数量""医疗水平"等十项指标达到或基本达到健康城市标准。然而，"发病率低""健康知识"等八项指标的均值均低于全部健康城市评价项均值。

第二，"生活饮用水质好""传染病、慢性病发病率低""食品安全放心""空气质量好"等健康城市评价指标是影响健康城市形象的重要因素，"非常害怕—丝毫不恐惧""越来越严重—逐渐减轻"是雾霾风险感知因子中影响健康城市形象的重要因素。因此，雾霾风险感知对健康城市形象的负面影响与雾霾对旅游目的地形象影响类似（张晨等，2017；程励等，2015）。

第三，健康城市评价集中于"健康社会""健康意识"和"健康环境"三个方面。健康城市评价指标探索性因子提取结果呼应了《全国健康城市评价指标体系（2018版）》架构方案，二者在健康环境和健康社会指标的命名上保持一致，并根据研究需要适当对健康服务、健康人群和健康文化中的部分指标予以归并和精炼（国家卫生健康委员会，2018）。其中，医院数量及医疗水平，绿地数量、健身场地数量与养老设施，特别是居民健康水平，构成了"健康社会"的关键指标，体现了社会对医疗、公共游憩空间、生存质量相关的基础保障，尊重人对更有保障和更好生存条件的需求。"健康意识"涉及居民健康知识水平高、我周围经常参加锻炼的人多和我周围吸烟的人少三方面，彰显了营造健康文化氛围，提升健康素养和养成健康生活方式与行为。"健康环境"仅包括空气质量好与生活饮用水质好两个方面，表现为健康城市致力于使人们拥有清新空气和洁净用水。研究发现，雾霾风险感知（F4）对健康城市指标的三个主因子影响均为显著。雾霾风险作为环境感知变量对于健康环境（F3）的直接效应大于其对于健康意识（F2）和健康社会（F1）的效应（H2-2）。雾霾风险感知（F4）与健康城市指标（F5）对于理想健康城市（B1）的直接效应相差无几（H2-3）。

第四，健康意识（F2）与健康社会（F1）这两项"社会环境软指标"的作用显著大于健康环境（F3）这一"自然环境硬指标"（H2-4）。随着居住（停留）时间增长，雾霾风险感知随之增强。居住（停留）时间以雾霾风险感知为中介变量，对于健康社会、健康意识，特别是对理想健康城市评价的影响甚微，但对于健康环境的影响稍强。换言之，居住（停留）时间越长，越能够感受到雾霾所带来的风险，从而导致对健康环境做出较为负面的评价（H2-5）。

雾霾风险视域下健康城市形象认知研究延续了"人类世"（Anthropocene）背景下对城市空气污染问题的持续关注，强调与"生态文明"这一美好愿景的对接，有望为规划建设理想的健康城市空间提供科学依据（罗勇，2020）。研究结果具有如下政策启示：

第一，雾霾风险视域下健康城市形象评价结果提供了专家视角以外的公众参与式选项，指明了健康城市试点市亟待提升的关键指标（屈伟等，2020）。

第二，雾霾风险感知对健康城市指标或理想健康城市测试项的负面效应类似于其降低城市旅游满意度、目的地形象或出游意愿的情形（Becken et al.，2016；张晨等，2017；杨军辉、赵永宏，2019；彭建等，2016）。因此，通过大气颗粒物污染的有效治理，将有望降低游客雾霾风险感知，实现营造理想健康城市旅游目的地形象的目标。

第三，鉴于雾霾风险感知与健康城市指标评价对理想健康城市形象感知的双重制约，健康城市规划与建设既要力争达到全国健康城市评价指标的要求，也要着力解决雾霾风险所带来的负面影响。

第四，居住（停留）时间对健康环境感知的负面影响提示应加强街区、社区等建成环境的空气污染治理，从而降低城市居民的雾霾风险感知。同时，健康城市规划与建设应做到软硬结合，特别是要高度重视健康意识的提升和融入环境正义理念的健康社会营造（陈大杰等，2017；王兰等，2020；袁相波等，2016；贾红等，2012）。

第五，通常主观的风险感知与客观环境风险之间存在着较大的差距（何素艳，2020），积极有效的风险沟通能防止风险演化成危机（董向慧，2020）。鉴于成都健康城市建设取得阶段性进展，雾霾污染日渐改善，但研究发现雾霾对健康的影响依然使公众感到担心，并对健康城市形象造成负面影响。

因此，风险沟通的视角下应基于政府、企业、公众、媒体等多元主体共治大气环境污染、共建健康城市，从而降低雾霾风险、提升健康城市形象（见图2-4）。

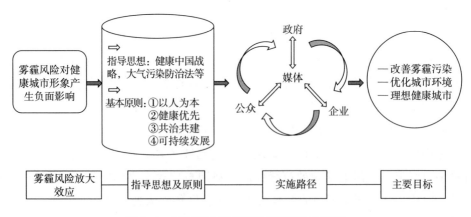

图2-4 雾霾风险视域下健康城市应对路径

综上所述，通过测量居住（停留）时间以雾霾风险感知作为中介变量对于健康环境的间接效应，这不仅突破了风险感知—目的地形象—重游意愿、风险感知—应对态度—不完全规避行为、雾霾风险感知—游客满意度—目的地忠诚度、环境信息—感知评价—行为结果等研究范式，更为重要的是凸显了居住（停留）时间对于感知行为的重要意义。本书在数据采集和研究方法等方面的不足之处在于：①调研结果更倾向于代表高学历群体对雾霾风险视域下健康城市形象的感知特征。补充本科以下学历群体的样本数量将更符合第七次全国人口普查公报学历分布调查结果。②由于因子载荷和共线性问题，主成分因子分析提取结果删除了四个测试项，使得解释方差比例略低。基于本次探索性研究结果，通过调整"发病率低"（A12）、"垃圾处理"（A3）、"公共厕所"（A4）等测试项表述等优化量表的手段，解决共线性和载荷偏低等问题，提升解释方差比例。③结构方程模型拟合条件限制了雾霾风险感知以健康城市评价指标为中介变量对理想健康城市间接效应的讨论。因此，进一步探讨居住（停留）时间对于雾霾风险感知及健康城市形象在"理性与偏见"之间的倾向性甚为必要。

第三章 九寨沟地震灾后旅游风险感知研究[①]

灾变下的旅游目的地风险感知是关于"人与自然和谐共生"的重要命题（Wolf et al., 2019；Faulkner, 2001）。2017年8月8日21时19分，四川省阿坝州九寨沟县发生7.0级地震，造成25人死亡，525人受伤，6人失联，176492人（含游客）受灾（王志一等，2018）。按照习近平总书记、李克强总理等中央领导同志重要批示，国家减灾委、民政部紧急启动国家Ⅲ级救灾应急响应。九寨沟景区从2017年8月9日起停止接待游客，2018年3月8日部分对外开放。2018年6月25日，景区暴发严重山洪泥石流灾害，2018年7月1日起闭园，2019年2月10日再次发布闭园通告，于2019年9月27日开园（张超群、李倩薇，2019）。一方面，地震事件及其媒体报道可能对社会心理造成巨大影响（李紫薇、邢云菲，2017；吴艾凌等，2019；陈华明、周丽，2017）；另一方面，灾后地方重建与景区恢复为旅游目的地风险感知问题研究提供了良好的实验场所（Rittichainuwat, 2013；Tang, 2014；Gray and Wilson, 2009；甘露等，2010；李敏等，2011；朱建华等，2013）。

风险感知是消费者行为学、地理学和旅游学等较为成熟的研究领域（Sönmez and Graefe, 1998；Mitchell, 1999）。针对不同灾害类型和研究目的，风险感知量表共性与差异性并存（Yang and Nair, 2014；Wolf et al., 2019）。地震、洪灾、暴雨和火山喷发等突发自然灾害风险感知量表多包含风险感知认知和风险规避行为等测试项（Fuchs and Relchel, 2011；Kellens et al., 2012；赵岑等，2018；Becken et al., 2016），但社会风险感知量表倾向于测试风险视域下的目的地形象

① 本章主要内容刊发于《地域研究与开发》2021年第40卷第4期，由本书作者唐勇、苟婷、秦宏瑶、何莉共同完成；案例选择部分内容节选自苟婷的硕士学位论文《四川九寨沟地震灾后旅游风险感知研究》。

和意向（George，2010；李艳等，2014）。研究方法方面，结构方程模型、回归分析等定量研究多于访谈和观察等质性策略（Tang，2014；Walters and Clulow，2010）。近年来，针对汶川地震后九寨沟游客感知行为研究成果颇丰，涉及风险感知、可进入性感知、地方依恋及环保行为意向等（李敏等，2011a，2011b；王岚等，2012；祁秋寅等，2009；万基财等，2014）。九寨沟地震影响下的旅游空间效应研究较多（刘大均等，2021；阮文奇、李勇泉，2018），但震后旅游风险感知实证研究尚显不足（苟婷等，2020；汪京强等，2021）。

综上所述，基于九寨沟地震对于旅游风险感知研究的特殊意义，选择国内受访者作为调研对象，聚焦灾后目的地形象感知、灾害风险感知和灾害敏感度及其内在逻辑关系，以期为九寨沟景区恢复重建与旅游市场振兴提供借鉴。

第一节 案例选择

一、地理区位

九寨沟位于四川省阿坝州九寨沟县境内，地理范围：103°46′~104°4′E，32°51′~33°19′N，总面积728.3平方千米，保护区面积600平方千米（谷虎，2019；张捷等，1997）。九寨沟主体为树正沟、日则沟、则查洼沟，三沟呈"Y"字形分布，全长约60千米。因沟内有荷叶、树正、彭布等九藏族村寨而得名"九寨沟"。沟口位于漳扎镇彭丰村一带，沟域西南侧与松潘县接壤，沟域东侧与马家乡、白河乡接壤，西侧与漳扎镇甘海子村相邻。九寨沟距县城41千米，距成都438千米，经2008年"5·12"汶川地震后对沿线交通的建设及维护后交通日趋便利，游客前往九寨沟更加方便快捷（曲瑞，2019；邓贵平，2011）。

二、地质灾害

九寨沟位于两大地貌单位过渡的高山峡谷地带，地质构造复杂，地震活动活跃的同时地壳上升，岩层裂隙发育，岩体破碎。研究区降雨少但集中，在短时间暴雨作用下，易产生倒石堆（叶欣梁，2011）。"8·8"地震进一步诱发了大量崩塌、滑坡、泥石流等次生地质灾害（王毅等，2020）（见表3-1）。

表 3-1 九寨沟景区地质灾害统计表

类型	等级 指标	巨型	大型	中型	小型	合计
滑坡	规模分级标准（×10⁴ 立方米）	>1000	100~1000	10~100	<10	
	数量（个）	0	0	1	13	14
	所占比例（%）	0.00	0.00	0.75	39.70	10.45
崩塌	规模分级标准（×10⁴ 立方米）	>100	10~100	1~10	<1	
	数量（个）	—	8	31	41	80
	所占比例（%）	0.00	5.97	23.13	30.60	59.70
不稳定斜坡	按灾害点变形特征划分					
	数量（个）	2	3	1	9	15
	所占比例（%）	1.49	2.24	0.75	6.72	11.19
泥石流	规模分级标准（×10⁴ 立方米）	>50	20~50	2~20	<2	
	数量（个）	0	0	9	16	25
	所占比例（%）	0.00	0.00	6.72	11.94	18.66
合计	数量（个）	2	11	42	79	134
	所占比例（%）	1.49	8.21	31.34	58.96	100

注：根据谷虎（2019）和曲瑞（2019）修改。

根据"8·8"地震后地质灾害调查统计，区内共发育 134 处地质灾害点。按灾害类型分为泥石流、崩塌、滑坡等。共发育滑坡、崩塌、不稳定斜坡、泥石流各 14 处、80 处、15 处、25 处，分别占总数的 10.45%、59.70%、11.19%、18.66%。由此可见，九寨沟景区内崩塌灾害最为严重，泥石流灾害次之；不稳定斜坡、滑坡灾害最少（何宇航等，2020；陈超，2019）。

按区内地质灾害规模来看，以小型、中型为主，大型次之，巨型最少，其中，区内共发育巨型、大型、小型各 2 处、11 处、79 处，分别占总数的 1.49%、8.21% 和 58.96%。

1. 地震

九寨沟地处巴颜喀拉地块东北缘与龙门山构造带交汇区域，构造复杂，断裂发育规模较大且活动性强，多发构造地震（辜寄蓉等，2002）（见表 3-2）。研究区所属巴颜喀拉地块是近 20 年来我国构造活动最强烈的块体，所有 7 级以上地震都集中发生在该区域（单新建等，2017；程佳等，2012；邓起东等，2010）。

此外，邻近断裂带也多发地震，如叠溪 Ms7.5 级地震、松潘震群（Ms7.2、Ms6.7、Ms7.2）、汶川 Ms8.0 级地震均对九寨沟地震产生了不可忽视的影响（四川地震局，2018a）。

2017 年 8 月 8 日，九寨沟县发生 Ms7.0 级地震，震源深度约 20 千米，震中距九寨沟县城及成都市分别是 35 千米和 290 千米。除四川省外，甘肃、青海等多地震感强烈。地震造成 25 人死亡，525 人受伤，6 人失联，176492 人（含游客）受灾，73761 间房屋不同程度受损（倒塌 76 间）（王志一等，2018；四川省人民政府，2017）。

由于九寨沟地震发生在多个断裂带交错区域，构造背景复杂，其发震构造也存在部分争议。从主震和余震的平面以深度分布特征分析以及根据主震震源、次生灾害分布等情况来看，发震断裂为东昆仑断裂东段与岷山断块交汇区域的一条北西向走滑断裂—树正断裂上（四川地震局，2018b；易桂喜等，2017；任俊杰等，2017）。付国超等（2017）分析认为，此次地震是巴颜喀拉块体向东推挤引起的地震，发震断层可能为塔藏断裂的一条分支。徐锡伟等（2017）认为，九寨沟发震构造属虎牙断裂带北段，一条隐伏断裂—夏莫断裂上（李忠权等，2018）。同样地，李渝生等（2014）判断，此次地震发生在岷山隆起带北端与西秦岭地槽褶皱带的南缘文县—玛沁断裂的交会部位的"隐伏性"断裂带上，但余震分布显示发震断裂无明显倾向，震源机制解为纯左旋走滑型破裂（谢祖军等，2018）。虽然目前对九寨沟发震构造仍未给出一致的认识，但可以确定的是，此次地震发生在巴颜喀拉地块边界（中国地震台网中心，2019）。

表 3-2　九寨沟县境内 M≥4.0 级地震目录表

编号	日期	北纬（°）	东经（°）	参考地点	震级	烈度	震深（千米）	精度
1	1938 年 5 月 19 日	33.2	104.2	柴门关	5.5	7	—	
2	1948 年 2 月 23 日	33.3	103.5	漳腊与塔藏间	—		—	
3	1956 年 6 月 30 日	33.0	104	九寨沟南	4.0		—	
4	1964 年 4 月 8 日	33.3	103.5	九寨沟南	4.0		—	
5	1966 年 11 月 7 日	32.9	104.3	勿角	4.8			3
6	1970 年 3 月 29 日	33.3	104.2	白河	4.5			
7	1971 年 10 月 29 日	32.7	104.2	九寨沟南	4.5			
8	1973 年 5 月 8 日	32.9	104.1	长海西	5.2		12	2
9	1973 年 8 月 11 日	32.53	104	三道片	6.5	7	19	1
10	1973 年 8 月 16 日	32.09	103.9	九寨沟南	4.7		15	1

续表

编号	日期	北纬（°）	东经（°）	参考地点	震级	烈度	震深（千米）	精度
11	1973 年 9 月 4 日	32.9	104	九寨沟西南	4.7	—	15	2
12	1974 年 1 月 16 日	32.54	104	九寨沟西南	5.8	—	18	1
13	1974 年 11 月 17 日	33.02	103.58	长海东	5.7	—	—	1
14	1976 年 8 月 18 日	32.8	104.3	九寨沟东南	4.8	—	—	—
15	1976 年 8 月 19 日	32.9	104.3	九寨沟东南	5.9	—	15	—
16	1976 年 9 月 21 日	32.8	104.2	九寨沟南	5.2	—	17	—
17	1997 年 3 月 17 日	32.9	104.2	九寨沟南	4.8	—	31	—
18	1978 年 5 月 30 日	32.8	104.17	九寨沟南	4.7	—	—	1
19	2003 年 11 月 13 日	34.7	103.94	九寨沟	5.3	—	10	1
20	2017 年 8 月 8 日	33.2	103.82	九寨沟	7.0	9	20	—

注：表中"—"表示缺乏资料。

资料来源：《中国近代地震目录（公元 1912~1990 年 Ms≥4.7）》（中国地震局震害防御司编，1999）及《中国地震台网（CSN）地震目录》（中国地震台网中心）。

2. 崩塌

崩塌是研究区内较多的地质灾害，分布在长海、悬泉沟、日则沟等地。这些地区岩层裂隙节理发育明显，岩体破裂，少植被覆盖，易形成倒石堆。"8·8"地震在景区内诱发多处严重崩塌（何宇航等，2020），其中日则沟的崩塌较为严重，熊猫海至五花海的崩塌直接阻断了连接景观间的栈道，造成大面积植被受损。箭竹海的崩塌体直接冲入湖泊中，连带受损的植被及栈道也冲入海子中（罗路广等，2020；谷虎，2019）。

3. 滑坡

由于地质、地形及水文条件等原因，研究区河谷区域内多发滑坡（罗路广等，2020）。滑坡较常见于长海、五花海北段、诺日朗南侧等地，岩崩、断层破碎堆积扇和倒石堆伴生，因基岩滑坡较少，坡地易出现滑坡，而源头及上游地区的滑坡则较少见。大型滑坡较少见，中、小型较多，滑坡较其他类型地质灾害相对较少。滑坡分布与断裂活动及人类活动范围密切相关（辜寄蓉等，2002）。此次地震在树正沟诱发多处滑坡，五花海对岸山体发生大面积滑坡，对沿线景观及道路造成了不同程度的损坏（杨华阳等，2020；许冲等，2018）。

4. 泥石流

泥石流是研究区内分布最广泛的地质灾害，其形成与区内复杂的地形地貌直接相关。研究区山地坡度大，倾角陡峭，多节理发育，冰雪、寒冻风化作用强烈，早期植被破坏，加之易出现局部降水集中的情况，多发崩塌等灾害更利于泥石流的发育（陈超，2019），大多发生在季节性河谷中。从规模、性质等方面，可分为沟谷性、坡面性及活动性古泥石流（叶欣梁，2011；崔鹏，1991；唐邦兴，1986）。其中，下季节海历史上曾多次发生泥石流。"8·8"地震后，大量落石沿沟谷滚落，两侧植被严重受损，阻断道路，甚至直接冲入海子中，严重毁坏了湖泊景观（汪晓锋等，2020；黄海等，2020；王毅等，2020）。

三、灾后重建

九寨沟地处四川省阿坝州九寨沟县境内，需考察其社会经济状况。2019 年九寨沟县发布的统计数据（2020 年未公布）显示，常住人口达 8.2 万，城镇化率 51.69%，全县生产总值达 30.33 亿元，较 2018 年增长 5.7%，总量全州排名第 4。按产业分：第一、第二、第三产业各增加 2.93 亿元、5.06 亿元、22.34 亿元，同比分别增长率为 3.6%、5.9%、5.8%。全县接待游客 186 万人，旅游收入 17.6 亿元。其中，九寨沟景区接待游客 47.66 万人，门票收入 4919.14 万元。阿坝州拥有丰富的旅游资源，同其余景区相比九寨沟受汶川地震、九寨沟地震影响较大，接连地震使阿坝州旅游业严重受挫，甚至直接影响四川旅游业的稳健发展（九寨沟县政府办，2019；阿坝州文化体育和旅游局，2021）。

2017 年 11 月，四川省发布《"8·8"九寨沟地震灾后恢复重建总体规划》，指导灾后恢复重建工作有序开展。后续四川省政府省财政对灾后恢复重建工作表示了大力支持，并统筹资金给予补助，包含财政税收、就业社保等具体政策。财政上，对灾区住房和文化产业提供资金补助，对灾损房实行补助，对部分税收实行针对性减免；就业社保上，将实施就业援助、失业保险等民生保障措施，如因地震严重影响生产活动的企业和个人养老保险可申请延缓上缴；金融上，推行差异化信贷等优惠政策（四川省人民政府，2017）。经过约 4 年灾后重建的努力，高质量地完成了灾后重建的任务（苏文龙，2021）。

九寨沟地震发生后景区闭园并停止接待游客，直至 2018 年 3 月才对外开放了部分景观。不到 3 个月，又暴发了山洪、泥石流等自然灾害，景区再次闭园。2019 年 2 月 10 日再次发布闭园通告，直至官方发布拟于 2019 年 9 月 27 日恢复接待游客（张超群等，2019b）。但受新冠肺炎疫情和夏季持续强降雨影响，通往九寨沟的交通线路受阻，2020 年 8 月 18 日再次闭园（见图 3-1）。不过九寨沟很快再次开园，以限区域及限客流量的形式逐步开放，开放区域为树正沟、日则

沟（诺日朗—五花海）、则查洼沟。2020 年"国庆中秋小长假周"接待游客
140374 人，其中 2~6 日均达 2 万人以上，这充分证明了国内游客对九寨沟的热
情依旧不减（九寨沟景区官方网站，2020）。

（a）震前景观

（b）震后垮塌

（c）震前

（d）震后

图 3-1　诺日朗瀑布震前及震后

资料来源：（a）（b）：九寨沟管理局；（c）（d）：苟婷拍摄，2020。

第二节　研究假设与实证检验

一、研究假设

旅游地兴衰既受制于天灾人祸（Faulkner，2001；Gray and Wilson，2009），
也受到旅游者、旅行供应商、居民等群体风险感知的负面影响（Rittichainuwat，

2013；Meheux and Parker，2006；Eitzingera and Wiedemann，2007；唐弘久、张捷，2013）。一方面，不同案例中差异化群体所感知到的风险类型既可能与洪灾、火山喷发、海啸、飓风、雾霾等"天灾"发生联系（Becken et al.，2016；Kellens et al.，2012；Bird et al.，2010；Forster et al.，2012；Walters and Clulow，2010），也可能与犯罪、疾病、"景区超载"等"人祸"密切关联（Li et al.，2018；Rittichainuwatb and Chakraboty，2009；George，2010；张宏敏等，2014；卢文刚，2015）；另一方面，除了部分以寻求刺激（Sensation seeking）为目的的特殊类型的旅游者外，考虑财务损失、身体受伤等个人安全因素，采取规避风险的行为是大多数旅游者符合逻辑的选择（Lepp and Gibson，2008；Mura，2010），且不同类型人群的风险感知必然使得出游行为意向表现出明显的差异化特征（Sónmez and Graefe，1998；Fuchs and Reichel，2011；Park and Reisinger，2010；Björk and Kauppinen-Räisänen，2011）。研究发现，汶川地震及其次生地质灾害并未成为旅游者担心的主要风险（朱建华等，2013）。随着时间推移，对九寨沟景区旅游安全、社会治安的认知有明显下降，但可进入性却出现了降低（唐弘久、张捷，2013；董晓莉等，2011）。由此，做出如下假设：

H3-1：九寨沟地震后的灾害风险预期发生率将极可能高于安全风险，但后者对于风险感知的作用更大。

风险感知与目的地形象、出游意愿、风险敏感度、风险信息获取行为等变量间的认知结构关系是需要被持续关注的重要问题（George，2010；Björk and Kauppinen-Räisänen，2011；Quintal et al.，2010；Lepp et al.，2011；Reichel et al.，2007；李敏等，2012）。例如，George（2010）以风险敏感度为中介变量，分别考察犯罪风险感知与重游意愿和推荐意愿的关系；Quintal（2010）等将风险感知与不确定性因素二者并举，揭示行为变量间的认知结构关系。研究发现，对于雾霾等的风险感知会对目的地形象造成负面影响，但是否会因负面的旅游目的地形象削弱出游意愿是值得进一步探讨的问题（Becken et al.，2016；Li et al.，2018）。例如，芬兰旅游者的风险感知对目的地形象与出游行为均造成了负面影响（Björk and Kauppinen-Räisänen，2011）；再如，旅游者的风险认知水平与九寨沟目的地形象呈负相关（李敏等，2011a）。将风险敏感度的语义等同于调研对象对待风险的态度或行为，则其与出游意愿、重游意愿、推荐意愿、风险信息获取行为等变量同属避险行为意向（Kellens et al.，2012；George，2010；Björk and Kauppinen-Räisänen，2011）。在此意义上，做出如下假设：

H3-2：风险感知对风险敏感度的直接影响是否会大于其对于灾后目的地形象的影响？

H3-3：灾后目的地形象对风险敏感度的作用是否不及风险感知对风险敏感度的直接影响？

H3-4：风险感知能否以灾后目的地形象为中介变量对风险敏感度造成影响？

H3-5：风险感知与灾害目的地形象的叠加效应是否强于风险感知对风险敏感度的直接影响？

前人对于旅游风险的测量尚未达成共识（Wolf et al.，2019；Yang and Nair，2014）。洪灾风险量表涉及风险信息检索、防灾知识、风险感知、风险规避信息源等（Kellens et al.，2012）；火山喷发风险量表包含火山喷发认知、风险感知、风险规避行为等测试项（Bird et al.，2010）。就研究方法而言，结构方程模型（李敏等，2011a；Becken et al.，2016）、回归分析（吴艾凌等，2019）、非参数检验（李敏等，2011a）、方差分析（Park and Reisinger，2010）、判别分析（Reichel et al.，2007）等定量研究方法的使用明显多于访谈、观察等质性研究策略（Li et al.，2018；Walters and Clulow，2010；Mura，2010）。由此，针对"九寨沟地震"对于中国旅游者的特殊意义设计全新量表，采用结构方程模型探测灾害风险感知、目的地形象感知和灾害敏感度的认知结构关系显得尤为必要。

二、实证检验

1. 问卷设计

基于前期探索性研究（苟婷等，2020），参考相关研究成果（Fuchs and Reichel，2011；George，2010），以李克特5分制量表（Likert Scale）为度量尺度，设计自填式半封闭结构化问卷。量表由人口学特征、灾后目的地形象、风险敏感度、灾害风险感知以及一项开放式问题等部分组成。人口学特征包含常住地、性别、年龄、是否去过九寨沟、出游意愿及推荐意愿构成。基于研究假设，数据分析仅涉及灾后目的地形象、风险敏感度、灾害风险感知及人口学特征（见附录4）。

灾后目的地形象与风险敏感度这两组问题的方向或强度描述语分别是：完全不同意（1）、基本同意（2）、一般（3）、基本同意（4）、完全同意（5）。灾后目的地形象的引导性问题是"你如何看待九寨沟景区的近况？"包括"九寨沟风景遭到地震严重破坏"等六个测量项。风险敏感包括"九寨沟地震对我的旅行计划毫无影响"等四个风险敏感度由弱及强的测试项，其引导性问题是"假设你计划后年去九寨沟旅游，当得知九寨沟曾发生地震，你会怎么做?"灾害风险感知包括两组问题，一是与暴雨、地震等六种类型的山地自然灾害有关，二是与财务损失、身体受伤等游客的遭遇有关。假设受访对象计划后年去九寨沟，请其评价遇到不同类型的自然灾害和"不幸遭遇"的可能性。问题的方向或强度描述语分别是完全不可能（1）、基本不可能（2）、一般（3）、较为可能（4）、极其可能（5）。

2. 数据收集

预调研阶段（2019年3月28日至4月3日）采用滚雪球抽样法，通过即时聊天工具、微博、电子邮件等方式，邀请国内受访对象自主填写并推荐他人填写问卷星平台问卷（https：//www.wjx.cn/jq/36703371.aspx）；正式调研阶段（2019年5月17日至6月2日）采用便利抽样法，在成都市中心城区、四川省博物馆等发放纸质问卷。预调研发放问卷424份，其中收回378份有效问卷，有效率89.15%；正式调研发放299份，收回有效问卷284份，有效率94.98%；两阶段共发放问卷723份，收回有效问卷662份，有效率91.56%。总体一致性系数为0.821（a>0.5），同质稳定性较好（0.909>a>0.683）。

惯常驻地以四川为主（71.6%），女性略多（61.3%），中青年（18～34岁）占比67.3%。大专和本科受教育程度者为59.5%，学生（38.4%）与全职工作群体（44.6%）合并占比83%。去过九寨沟的受访对象占比超过1/3，与计划去九寨沟和持正向推荐意愿者接近（见表3-3）。

表3-3　人口学特征

	个数	百分比（%）		个数	百分比（%）
性别			职业		
男	253	38.2	全职工作	295	44.6
女	406	61.3	兼职工作	12	1.8
N/A	3	0.5	学生	254	38.4
年龄			自主创业	46	6.9
未满18岁	66	10.0	待业	15	2.3
18～24岁	242	36.6	退休	18	2.7
25～34岁	203	30.7	其他	21	3.2

	个数	百分比（%）		个数	百分比（%）
35~44 岁	96	14.5	N/A	1	0.2
45~54 岁	33	5.0	是否到访九寨沟		
55~64 岁	11	1.7	是	231	34.9
65 岁以上	8	1.2	否	431	65.1
不回答	3	0.5	N/A	0	0
N/A	0	0	是否计划去九寨沟		
受教育程度			是	227	34.4
中专、初中、小学	45	6.8	否	179	27.0
高中、职高	93	14.0	不确定	254	38.4
大专	136	20.5	N/A	2	0.3
本科	258	39.0	是否推荐去九寨沟		
硕士及以上	126	19.0	是	237	35.8
其他	4	0.6	否	131	19.8
N/A	0	0	不确定	293	44.3
常住地			N/A	1	0.2
四川省	474	71.6			
国内其他	185	28.0			
N/A	3	0.4			

3. 研究方法

采用描述性统计分析，揭示人口学特征、目的地形象、风险感知与风险敏感度均值排序特征。为确保数据随机性，通过计算变量随机数、个案排序和选择个案，将 662 份问卷随机平分为 DATA1 与 DATA2。基于 DATA1，使用探索性因子分析（EFA），揭示风险感知的维度特征。验证性因子分析（CFA）要求数据不包含缺失值，故采用缺失值邻近点的中位数对 DATA2 作处理。采用结构方程模型（SEM），验证风险感知测量模型的信效度，根据拟合指数对模型进行评价，依据标准化解、最优模型路径系数估计验证假设。

4. 结果与分析

五个灾后目的地形象测试项均值及其总体均值（M = 3.28）大于量表中值（M = 3.00），表明九寨沟灾后目的地形象更趋向于负面感知。以 3.28 作为临界值将灾后目的地形象分为两个分值段。其中，"九寨沟仍处于灾后恢复重建的关键期"（M＝3.77）、"我非常关注九寨沟震后的情况"（M＝3.56）、"九寨沟风景遭到地震严重破坏"（M＝3.34）位于第一分值段（5.00>M>3.28）；"九寨沟极有可能再次发生地震"（M＝3.11）、"九寨沟因地震而闭园的时间将会非常长"（M＝3.05）、"现阶段到九寨沟旅游不安全"（M＝2.84）位于第二分值段（3.28>M≥2.84）。超过60%的受访者认为九寨沟现处于恢复重建关键期，即他们在对应测试项上的选择为4~5分；超过50%的受访者表示非常关注九寨沟震后情况（见表3-4）。

表3-4　均值排序、标准差与有效百分比

测试项分组	测试项	人数（n）	均值（M）	标准差（SD）	有效百分比/%（VF）				
					1	2	3	4	5
灾后目的地形象感知	九寨沟仍处于灾后恢复重建的关键期	662	3.77	0.987	2.3	8.9	21.6	44.1	23.1
	我非常关注九寨沟震后的情况	662	3.56	1.154	6.5	8.3	33.8	24.9	26.4
	九寨沟风景遭到地震严重破坏	662	3.34	1.044	5.4	13.0	37.6	30.1	13.9
	九寨沟极有可能再次发生地震	660	3.11	1.015	6.9	18.0	39.9	27.2	7.7
	九寨沟因地震而闭园的时间将会非常长	661	3.05	1.011	6.8	21.9	36.6	28.4	6.2
	现阶段到九寨沟旅游不安全	662	2.84	1.095	11.2	28.7	32.5	20.5	7.1
风险敏感度	我会对旅行计划做小调整	661	3.33	1.170	10.4	12.1	25.8	37.6	13.9
	我会对旅行计划做较大调整	659	3.07	1.280	13.0	22.8	25.1	22.1	16.6
	九寨沟地震对旅行计划毫无影响	661	3.05	1.291	14.5	20.4	28.1	19.8	17.1
	我会因九寨沟地震而不再去那里	660	1.98	1.152	45.9	26.1	16.2	6.6	4.8
灾害风险感知	暴雨	659	3.28	0.884	2.6	13.1	45.8	30.1	8.0
	滑坡	659	3.20	0.966	3.9	18.3	40.2	28.7	8.5
	泥石流	660	3.14	0.960	4.5	19.2	40.9	27.9	7.1
	崩塌	655	3.14	0.970	4.4	19.9	40.0	27.0	7.6
	地震	659	3.03	0.996	5.7	23.6	39.9	23.1	7.3
	山洪	659	2.90	0.955	6.0	26.9	43.7	17.1	5.9

测试项分组	测试项	人数(n)	均值(M)	标准差(SD)	有效百分比/%（VF）				
					1	2	3	4	5
安全风险感知	家人担心	659	3.17	1.132	8.0	19.8	31.3	27.8	12.7
	各种不便	658	2.84	1.063	11.3	25.2	37.2	19.5	6.2
	身体受伤	660	2.65	0.988	10.6	36.1	34.4	14.5	4.1
	财物损失	656	2.64	0.922	9.7	34.7	38.8	13.3	2.6
	心情不悦	657	2.59	1.044	14.5	35.2	29.9	15.7	3.9

风险敏感度测试项总体均值（M=2.85）略小于量表中值（M=3），表明九寨沟震后风险敏感度偏低。以2.85作为临界值将风险敏感度分为两个分值段。仅"我会因为九寨沟地震而不再去那里"（M=1.98）位于第二分值段（2.85>M≥1.98）。超过50%的受访者因九寨沟曾发生地震而对旅行计划作小调整，如缩短停留时间。超过70%受访者并不认同因为地震就再也不去九寨沟，表明九寨沟在受访者心中具有特殊意义。

假设调研对象计划后年去九寨沟，其风险感知集中在暴雨、地震等六种类型的山地自然灾害，以及财务损失、身体受伤等不幸遭遇。暴雨（M=3.28）、滑坡（M=3.20）和泥石流（M=3.14）是最可能发生的山地自然灾害风险，而地震（M=3.03）、山洪（M=2.90）的预期可能性相对较低。若计划去九寨沟，家人担心（M=3.17）是最有可能发生的情形，其次是遭遇各种不便（M=2.84），而身体受伤（M=2.65）、财务损失（M=2.64）、心情不悦（M=2.59）的预期可能性相对较低。

全部人口学特征测试项与"九寨沟风景遭到地震严重破坏"（A3）和"现阶段到九寨沟旅游不安全"（A6）两项目的地风险感知以及"我会对旅行计划作较大调整"（B2）、"我会因为九寨沟地震而不再去那里"（B4）两项出游行为意向的相关性不显著。性别与全部目的地风险感知和出游行为意向无相关性。年龄与A2（r=0.115）正弱相关，但与A5（r=−0.117）、B1（r=−0.107）、B3（r=−0.109）负弱相关；学历与A1（r=0.124）、A5（r=0.117）、B3（r=0.150）存在正弱相关；职业与A1（r=−0.121）、A2（r=−0.108）、A4（r=−0.111）有负弱相关；是否去过九寨沟与A4（r=0.134）弱正相关，与A2（r=−0.213）负相关（见表3-5）。

表 3-5　人口学特征与目的地风险感知、出游行为意向的相关性

测试项	性别		年龄		学历		职业		是否去过九寨沟	
	P 值	Sig.	P 值	Sig.	P 值	Sig.	P 值	Sig.	P 值	Sig.
目的地风险感知										
A1	0.002	0.964	0.059	0.250	0.124*	0.016	−0.121*	0.018	−0.069	0.182
A2	−0.017	0.736	0.115*	0.025	−0.015	0.773	−0.108*	0.036	−0.213**	0.000
A3	−0.030	0.559	−0.028	0.584	−0.009	0.865	−0.057	0.269	−0.007	0.893
A4	0.079	0.123	−0.07	0.177	0.056	0.277	−0.111*	0.030	0.134**	0.009
A5	0.026	0.620	−0.117*	0.023	0.117*	0.022	0.022	0.664	0.036	0.484
A6	−0.031	0.547	0.05	0.336	0.074	0.151	−0.043	0.410	−0.014	0.787
出游行为意向										
B1	0.077	0.133	−0.107*	0.037	−0.002	0.974	−0.086	0.096	0.103*	0.045
B2	0.003	0.948	−0.032	0.529	0.035	0.495	0.017	0.740	0.091	0.077
B3	0.046	0.373	−0.109*	0.034	0.150**	0.003	−0.022	0.674	0.083	0.106
B4	−0.076	0.138	0.002	0.972	0.072	0.161	0.011	0.834	0.007	0.898

注：**表示在 0.01 水平（双侧）上显著相关。*表示在 0.05 水平（双侧）上显著相关。

采用逐步回归分析，建立回归模型，考察目的地风险感知对出游行为意向的差异化影响过程。自变量中，排除了九寨沟风景遭到地震严重破坏（A3），因变量包含出游行为意向全部测试项。结果显示：

目的地风险感知对出游行为意向的影响存在显著的差异化特征。目的地风险感知中现阶段到九寨沟旅游不安全（A6）、九寨沟极可能再次发生地震（A4）对出游行为意向的影响更为显著，且九寨沟地震对我的旅行计划毫无影响（B3）最易受风险感知的影响。B1 与 A1、A4 显著相关（$P<0.05$），其中 B1 与 A1（$B=0.137$）相关性更显著。自变量与因变量相关性（$R=0.163$）和拟合度较不太理想（调整后的 $R^2=0.021$），自变量能解释因变量 2.1% 的变化，可忽略不计。B2 与 A4、A6 显著相关（$P<0.05$），其中 B2 与 A4（$B=0.352$）相关性更显著。自变量与因变量相关性（$R=0.383$）和拟合度较理想（调整后的 $R^2=0.142$），自变量能解释因变量 14% 的变化。B3 与 A1、A2、A4、A5、A6 显著相关（$P<0.05$），其中 B3 与 A6（$B=0.210$）相关性最显著。自变量与因变量相关

性（R=0.364）和拟合度较理想（调整后的 R^2=0.121），自变量能解释因变量12%的变化。B4 与 A2、A5、A6 显著相关（P<0.05），其中 B4 与 A6（B=0.264）相关性最为显著。自变量与因变量相关性（R=0.364）和拟合度较理想（调整后的 R^2=0.126），自变量能解释因变量12%的变化。四个方程调整后的 R^2 在 0.021~0.142，回归方程 F 值对应的显著性均小于剔除因子标准值 0.05，表明模型成立。回归方程经 T 检验显著性均小于 0.05，具有统计学意义。各个回归方程的显著性检验符合多元回归分析统计检验的要求，回归方程显著性检验显著（见表 3-6）。

表 3-6　目的地风险感知与出游行为意向多元回归分析

因变量	自变量	非标准化系数 B	标准化系数 Beta	T（P）	R	R^2	调整后的 R^2	F（P）
B1	常数	2.387		8.200（0.000）	0.163	0.027	0.021	4.240（0.040）
	A1	0.137	0.107	2.077（0.038）				
	A4	0.122	0.106	2.059（0.040）				
B2	常数	1.369		6.153（0.000）	0.383	0.0147	0.142	11.165（0.001）
	A4	0.352	0.284	5.530（0.000）				
	A6	0.209	0.172	3.341（0.001）				
B3	常数	2.361		6.523（0.000）	0.364	0.132	0.121	4.443（0.036）
	A1	-0.171	-0.126	-2.410（0.016）				
	A2	-0.117	-0.103	-2.108（0.036）				
	A4	0.181	0.149	2.643（0.009）				
	A5	0.166	0.131	2.209（0.028）				
	A6	0.210	0.175	3.060（0.002）				
B4	常数	1.460		5.279（0.000）	0.364	0.133	0.126	5.871（0.016）
	A2	-0.172	-0.165	-3.412（0.001）				
	A5	0.154	0.132	2.423（0.016）				
	A6	0.264	0.238	4.375（0.000）				

抽样适当性检验值（KMO=0.905）在 0.5~1.0，巴特莱特球形检验值（Bartlett's Test of Sphericity）（χ^2=2301.905，f=55，P<0.001）。采用主成分因子分析（Principal Component Analysis），经标准化正交旋转（Varimax with Kaiser Normalization），三次迭代后收敛。两个主成分因子累计解释方差比例为 68.981%

（0.871>a>0.914）。

第一个公因子与山地自然灾害有关，含暴雨等六个变量，故命名为"灾害风险"（Factor 1）；第二个公因子与个人安危有关，涉及财物损失等，故命名为"安全风险"（Factor 2）（见表3-7）。

表3-7　探索性因子分析与验证性因子分析

潜变量	观测变量	探索性因子分析		验证性因子分析		
		因子载荷		SMC	SRW	t-value（C.R）
Factor 1 灾害风险	E1 暴雨	0.707		0.433	0.658	19.714
	E2 泥石流	0.886		0.680	0.825	15.685
	E3 崩塌	0.866		0.792	0.890	13.641
	E4 滑坡	0.867		0.785	0.886	13.602
	E5 地震	0.707		0.382	0.618	10.118
	E6 山洪	0.809		0.600	0.775	12.267
Factor 2 安全风险	E7 财务损失		0.732	0.556	0.746	13.591
	E8 身体受伤		0.779	0.666	0.816	13.591
	E9 心情不悦		0.854	0.559	0.747	12.651
	E10 家人担心		0.752	0.405	0.636	10.736
	E11 各种不便		0.812	0.397	0.630	10.633
初始特征值		4.810	1.291			
解释方差（%）		43.732	11.732			
累计解释方差（%）		43.732	55.464			
α系数		0.914	0.871			

注：SMC（Squared Multiple Correlations）：平方复相关系数；SRW（Standardized Regression Weights）：标准化估计值；t-value（C.R.）（Critical Ratio）：临界比率。

测量模型A的临界比率（χ^2/df）和近似误差均方根（RMSEA）不达标，简约基准拟合指标（PNFI）偏低。暴雨（e_1）和泥石流（e_2）是呈链式发育的山地自然灾害，在二者残差项间增加路径符合逻辑（MI=31.494）。重新估计测量模型B，发现家人有担心亲友遇到各种不便的可能性，故在其残差项 e_10、e_11 间增加路径（MI=21.240）。经修正，拟合指数（χ^2/df=2.249，RMSEA=0.062，CFI=0.975，TLI=0.966，IFI=0.75）、标准化估计值（0.618<SRW<0.890）、平方复相关系数（10.118<SMC<19.714）指征测量模型C适配良好（见表3-8）。

表 3-8　模型拟合指数评估及修正

模型	χ^2/df	CFI	TLI	RMSEA	PNFI	IFI	增加路径
测量模型 A	3.517	0.946	0.931	0.087	0.725	0.947	
测量模型 B	2.778	0.963	0.952	0.073	0.721	0.963	e_1<-->e_2
测量模型 C	2.249	0.975	0.966	0.062	0.712	0.75	e_10<-->e_11
结构方程模型 A	2.427	0.944	0.935	0.58	0.780	0.945	
结构方程模型 B	2.208	0.953	0.945	0.53	0.783	0.954	e_13<-->e_14
结构方程模型 C	2.074	0.959	0.951	0.50	0.783	0.959	e_7<-->e_10
参考标准	越接近1表示拟合越好	≥0.90	≥0.90	<0.08	越接近1表示拟合越好	≥0.90	

结构方程模型包含风险感知子模型及灾后目的地形象、风险敏感度等五十个变量。其中，观测变量二十个，非观测变量三十个、内生和外生变量各二十五个。九寨沟风景遭到地震严重破坏的残差（e_13）与九寨沟仍处于灾后恢复重建的关键期残差（e_14）关联（MI=34.829）。结构方程模型 B 在二者间增加路径，有效降低了 RMSEA 及 χ^2/df。家人有担心（e_7）财务损失（e_10）的可能性，故在存在关联的两项残差间增加路径（MI=18.311），得到结构方程模型 C。拟合指数达标（χ^2/df=2.074，RMSEA=0.50，CFI=0.959，TLI=0.951，IFI=0.959），标准化估计值（-0.603<SRW<0.949）和平方复相关系数（0.119<SMC<0.901）较为理想。

H3-1 得到支持，即灾害风险的预期发生率高于安全风险，但后者（SRW=0.79）对于风险感知的作用略大于前者（SRW=0.77）。F3 对 B（SRW=0.37，t=4.221）和 F4（SRW=0.60，t=6.447）的直接效应达显著水平，但风险感知对风险敏感度的直接影响大于其对于灾后目的地形象的影响（H3-2）。F4 对 B 的直接效应虽达显著水平（SRW=0.29，t=3.552），但灾后目的地形象对风险敏感度的作用不及风险感知对风险敏感度的直接影响（H3-3）（见表 3-9）。

表 3-9　最优模型路径系数估计

	路径		S. E.	t-value（C. R.）	P	SRW
F4	<---	F3	0.107	6.447	***	0.599
B	<---	F3	0.133	4.221	***	0.365
B	<---	F4	0.108	3.552	***	0.287
F1	<---	F3	0.105	9.066	***	0.773
F2	<---	F3	0.146	8.392	***	0.786
E1	<---	F1	0.041	18.850	***	0.690
E2	<---	F1	0.069	18.850	***	0.830
E3	<---	F1	0.085	16.899	***	0.901
E4	<---	F1	0.085	16.725	***	0.890
E5	<---	F1	0.085	13.444	***	0.699
E6	<---	F1	0.083	15.342	***	0.807
E7	<---	F2	0.050	17.743	***	0.792
E8	<---	F2	0.063	17.743	***	0.827
E9	<---	F2	0.066	16.759	***	0.785
E10	<---	F2	0.080	12.061	***	0.662
E11	<---	F2	0.069	15.250	***	0.727
A1	<---	F4	0.179	7.773	***	0.523
A2	<---	F4	0.093	7.773	***	0.406
A3	<---	F4	0.149	8.798	***	0.654
A4	<---	F4	0.149	8.927	***	0.674
A5	<---	F4	0.153	9.279	***	0.744
B4	<---	B	0.052	11.332	***	0.588
B3	<---	B	0.151	11.332	***	0.949
B2	<---	B	0.091	6.427	***	0.344
B1	<---	B	0.105	-10.269	***	-0.604

注：S. E. （Standard Estimates）：标准化估计值；C. R. （Critical Ratio）：临界比率；P（Probability）：显著性概率，***表示在0.01水平上显著；SRW（Standardized Regression Weights）：标准化路径系数。

　　风险感知（F3）以灾后目的地形象（F4）为中介变量对风险敏感度（B）的间接效应为 0.172。风险感知（F3）和灾后目的地形象（F4）对风险敏感度（B）的总效应达 0.537。故认为，风险感知以灾后目的地形象为中介变量对风险敏感度造成影响（H3-4），且风险感知与灾害目的形象的叠加效应强于风险感知对风险敏感度的直接影响（H3-5）（见图 3-2）。

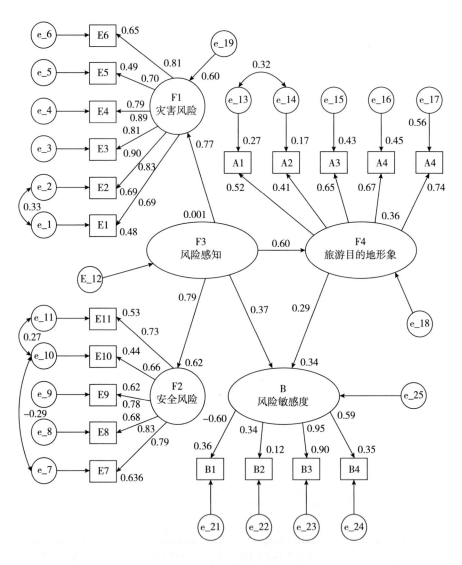

图 3-2　结构方程模型标准化解

第三节　本章小结

第一，受访对象对于九寨沟灾后目的地形象趋于负面感知，且风险敏感度偏低；暴雨、滑坡和泥石流的预期发生率高于地震和山洪；家人对受访对象近期前往九寨沟的担心远高于其遭遇各种不便、身体受伤、财务损失和心情不悦发生的可能性。

第二，受访者大多认为九寨沟景区仍处于恢复重建的关键期，且非常关注震后情况，认为遭到地震严重破坏。然而，受访者对"现阶段到九寨沟旅游不安全""九寨沟极有可能再次发生地震""九寨沟因地震而闭园的时间将会非常长"等选项上的态度出现了两极分化的情形。这反映出灾后重建过程及其媒体报道对部分潜在旅游者社会心理所造成的负面影响，引发了对震后旅游目的地灾后重建宣传报道和舆情引导的反思。

第三，人口学特征测试项与A3、A6两项目的地风险感知以及B2、B4两项出游行为意向的相关性不显著。除性别外，年龄、学历、是否去过九寨沟分别与其余感知行为变量存在不同程度和方向的相关性。例如，随着年龄增长，受访者更加关注九寨沟震后的情况，但倾向于认为闭园时间不会非常长，也更可能因地震对旅行计划作出改变或小调整。再如，曾去过九寨沟景区的游客相对于未曾去过的潜在游客更加了解九寨沟的情况，因而认为这里再次发生地震的可能性较高，却对震后的情况不那么关心。因此，有必要针对不同年龄、学历和曾去过九寨沟景区的潜在旅游者采取差异化的旅游目的地形象修复策略。

第四，目的地风险感知对出游行为意向的影响存在显著的差异化特征。例如，九寨沟仍处于灾后恢复重建的关键期和极有可能再次发生地震的风险认知，将促使部分受访者对旅行计划做小调整。当再次发生地震的预期和现阶段到九寨沟旅游不安全的风险认知叠加，将使得部分潜在游客对旅行计划做较大调整。潜在游客得出九寨沟景区闭园时间非常长的判断和现阶段不安全的风险认知，将极可能导致因为九寨沟地震而不再去那里，但当他们越关注震后的情况，越修正其判断，从而改变不再去九寨沟景区的意向。

第五，风险感知的提升将更大程度上造成对灾后目的地形象的负面影响，远大于对风险敏感度增加的直接作用。灾后旅游目的地形象的负面化过程导致避险行为，但强烈的风险感知对风险敏感度提升更大。风险感知以灾后目的地形象为中介变量对风险敏感度造成影响，其间接效应远小于风险感知和灾后目的地形象对风险敏感度的总效应，但总效应显著强于风险感知对风险敏感度的直接影响。

综上所述，首先，崩塌、滑坡、泥石流等次生地质灾害的预期发生率与九寨沟的实际情况较为吻合，而山洪的预期发生率则被严重低估，支持大部分潜在游客对可进入性感知缺乏客观准确判断的结论。调研对象对于九寨沟地震及其次生地质灾害仍心有余悸，故认为其发生率较高，而相对降低了对安全风险的预判。家人担心、遭遇各种不便等直接威胁个人安危的遭遇比预期发生率更高的自然灾害更易于提升风险感知。

其次，有限理性视域下，避免潜在游客做出缩短停留时间、推迟或取消行程，甚至不再去九寨沟景区的决定，既关乎灾后目的地形象的正面优化，更在于从灾害风险和安全风险两个维度降低风险感知。风险感知与灾害目的地负面形象叠加对风险敏感度的总体增强效应显著，既大于风险感知对风险敏感度的直接影响，又强于经由灾后目的地形象产生的间接效应。聚焦风险感知及风险规避行为的差异化类型，阐明社会心理调适视域下旅游市场振兴理论与方法，将拓展灾后旅游风险感知研究视野。

最后，通过目的地风险感知及出游行为意向影响的测量，有望为九寨沟景区震后旅游市场提振提供实证依据。由于研究视野、调研方法和数据处理等方面的不足，研究结论有待进一步完善。如何通过灾后恢复重建进展和成果的实时报道，特别是正面的灾后旅游目的地形象宣传营销，这是有效降低风险感知和旅游提振需要持续思考和推进的重要工作，从而将实证研究引入对策探讨的现实层面。

第四章　汶川地震灾区地方依恋差异性特征研究

　　汶川地震对人地关系的调整使得灾后重建区的地方依恋问题受到关注（钱莉莉等，2019；唐勇等，2020）。2021 年 1 月，《北京青年报》一则关于"汶川地震遗址导游怒怼嬉笑游客之外还需要做什么？"的新闻报道唤起了国人对汶川地震灾难的伤痛记忆，特别是"记忆之殇与遗忘之虞"的理性反思（Foote，2003；Lowenthal，1975）。黑色旅游者对灾后重建区的窥视激化了主客矛盾，地震纪念性景观也可能对宜居空间环境造成了干扰，促使部分灾区居民产生强烈的迁居意愿（唐勇等，2019）。因此，迁居意愿所表征的地方依恋在何种程度上受到环境变迁和纪念性景观营造的影响，又在何种程度上受制于黑色旅游活动等社会文化因素值得深入研究（见图 4-1）。

图 4-1　映秀镇居民安置点

资料来源：唐勇拍摄，2022。

近年来，新西兰、日本、印度尼西亚、尼泊尔、中国等地震多发国家地震纪念性空间中的人地关系问题成为热点研究领域（Ryan and Hsu，2011；Biran et al.，2014；Faisal et al.，2020；Wearing et al.，2020）。例如，Faisal 等（2020）从建构主义视角反思了 2010 年 9 月和 2011 年 2 月新西兰基督城两次地震事件的空间效应与旅游空间形成机制。Wearing 等（2020）识别了 2015 年 4 月尼泊尔地震灾后旅游活动对社区重建的影响与意义。汶川地震已过去十余年，相关研究积累包括黑色旅游感知行为和灾后重建区居民集体记忆、地方认同等方面，尚未聚焦灾后重建区基于迁居意愿视域下地方依恋方面的若干争议与矛盾（王金伟、段冰杰，2021；郑春晖、张捷，2020）。鉴于此，在迁居意愿这一前提假设下聚焦地方依恋的维度和差异性特征，转向一般性、社会性与物质性依恋维度的测量，有望突破地方认同、地方依赖、地方满意度等地方依恋的传统划分方案。

本书综合运用平均数分析、单因素方差分析和多重比较等方法，揭示基于迁居意愿假设下汶川地震灾后重建区家、社区、城镇不同尺度的空间环境地方依恋维度及其差异，以期为灾后地方性宜居空间营造提供借鉴。

第一节　文献综述与研究假设

人本主义地理学视域下地方依恋（Place Attachment）既可以是地方感（Sense of Place）的重要维度，也可能包含地方认同（Place Identity）、地方依赖（Place Dependence）、根深蒂固感（Rootedness）、地方满意度（Place Satisfaction）等其他重要概念（朱竑、刘博，2011；Jorgensen and Stedman，2006；Williams and Stewart，1998）。地方依赖表达了人对于地方环境要素的依赖性和依附性（Brown and Raymond，2007）；地方认同从信仰、价值观等方面透视地方性特征（Proshansky et al.，1983）；地方满意度强调地方满足人需要的能力与价值（Stedman，2003）。相较而言，地方依恋凸显了地方感这一综合性概念中的情感维度特征，偏重心理过程，涉及负面情结（Manzo，2003；Soini et al.，2012；Hernández et al.，2007；Proshansky，1978；Lewicka，2011；Shamai and Ilatov，2005；Mcandrew，1998）。

近年来，Hidalgo 和 Hernández（2001）尝试突破地方认同、地方依赖、地方满意度等地方依恋维度的传统划分方案，转向迁居意愿表征下的空间环境地方依恋测量（Lewicka，2010；Scannell and Gifford，2010）。基于"迁居意愿"这一假设，从"不太愿意（不希望）一个人（家人、熟人）到外地生活（搬离社区或城镇）"设计测试项，包括"一般性依恋"（General Attachment）、"社会性依恋"（Social Attachment）与"物质性依恋"（Physical Attachment）三个维度、九个测量项（见图4-2）。其中，一般性依恋（G）是调研对象在面临搬家到外地、搬离社区（小区）或城镇假设时的情感依恋特征，表现为"是否愿意单独到外地生活""是否愿意搬离熟悉的小区或城镇"。社会性依恋（S）是调研对象在家人、街坊、镇上的熟人可能搬家到外地、搬离社区（小区）或城镇时的情感依恋特征，表现为"我不希望家人独自到外地生活""如果熟悉的街坊搬家到外地会使我很感伤"和"如果镇上的熟人搬家到外地会使我很感伤"。物质性依恋（P）是调研对象在本人及家人、街坊与镇上的熟人都搬家到外地、搬离社区（小区）或城镇假设时的情感依恋特征，表现为"我不愿意搬离现在熟悉的城镇""如果镇上的熟人搬家到外地会使我很感伤"和"如果我和镇上的熟人都搬家会让我很感伤"。研究发现，西班牙圣克鲁斯—德特内里费市（Santa Cruz de Tenerife）居民的一般性依恋较强，且社会性依恋高于物质性依恋（Hidalgo and Hernández，2001）。

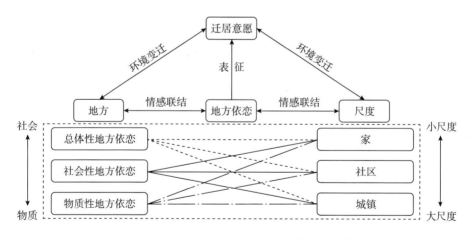

图4-2　基于迁居意愿的多尺度地方依恋概念模型

相较于传统的地方依赖和地方认同等维度划分，上述划分方案的合理性与创新性体现在如下两个方面：首先，将迁居意愿置于家、社区、城镇三个地方尺度

（Place Scale）予以考察，强调了地方尺度对于地方依恋测量的特殊意义。换言之，环境心理学和灾害学所遵循的传统地方依恋测量方案大多选择城乡、社区和邻里等单一地方尺度，未能考察地方依恋在不同地方尺度上的差异性特征（Lewicka，2010）。其次，考察物质性与社会性因素对人的不同约束效力或"羁绊"，通过测量"自我"（Ego）与"他者"（Others）在不同迁居情景设定下的情感联结程度来表征地方依恋，包含"一般性依恋"（我搬迁无他）、"社会性依恋"（他搬迁无我）与"物质性依恋"（我与他同时搬迁）（Hernández and Hidalgo，2007）。因此，基于震区特殊的社会文化环境，在搬离惯常空间环境这一前提假设下探讨地方依恋这一重要概念，延续了对地方尺度以及物质性与社会性情感联结的关照，有望突破地方依恋的传统测量方案（Scannell and Gifford，2010）。

环境补偿、房租水平、不动产价格等经济指标虽能够反映出灾难事件的空间效应对迁居意愿表征下的地方依恋产生的负面影响（Hannon，1994；Devine-Wright and Howes，2010），但地理学更加注重地方的主观建构过程和强调从风险感知，特别是个体的情感经验透视地方（Tuan，1977，1979；Yamashita，2020）。例如，Kwan 等（2008）采用时空地理方法对"9·11"恐怖袭击事件后美国穆斯林女性的生活行为轨迹进行了可视化研究，发现相关纪念性景观的"反穆斯林"叙事对该群体日常生活的干扰。因此，争议性文化景观营造成为产生逃避惯常居住地的迁居意愿（Intention to Move）和削减地方依恋的重要动因（Leviston et al.，2023）。

环境变迁在何种程度上对迁居意愿表征下的地方依恋造成影响，是值得持续关注的另一重要问题（Reese et al.，2019；Steimanis et al.，2021；Swapan and Sadeque，2021）。一方面，无论是火山喷发、地震、海啸、洪灾、飓风等突发自然灾害（Shakya et al.，2022；Yamashita，2022；Muir et al.，2020；Sheldon and Zhan，2022），还是气候变迁、海岸侵蚀等较长时间起伏演变的自然灾害及其风险感知（Berchin et al.，2017；Navarro et al.，2021；Domingues et al.，2021），既可能使得当地人口在灾前或灾后被迫搬迁（Forced Migration）、紧急疏散（Displacement），也有可能促使他们主动采取避灾行为、产生移居（Relocation）的意愿或行为（Becker and Ferrara，2019；Black et al.，2013）。另一方面，即使面临天灾人祸的考验，生活质量等物质性因素和根深蒂固感等情感性因素将约束部分群体的迁居意愿，转而表达较为强烈的不愿搬迁（Likelihood to Stay）表征下的地方依恋特征（Mallick et al.，2020；Swapan and Sadeque，2021；Strandberg，2023）。例如，荷兰人仍对逐渐萎缩的乡村居住区有较强的地方依恋（Van Der Star and Hochstenbach，2022），而布鲁塞尔的年轻人甚至因为强烈的地方依恋产生了排外心理（De Backer，2022）。按此逻辑，映秀镇、北川县、汉旺镇等汶川地震极重灾区城镇通过对口援建，打造了防震减灾示范区，灾后原址重建区的返迁居民或新安置区的移民逐渐走出了痛苦、适应了新的居住环境或迫于生计等原因（兰竹虹等，2017；王俊鸿、董亮，2013），因此他们大多适应了高烈度山区的生存风险（王俊鸿、董亮，2013；De Dominicis et al.，2015），不愿意再次搬迁，即单独到外地生活、搬离熟悉的小区或城镇（Ma et al.，2022），较可能表现出对于"家、社区和城镇较强的一般性依恋（H4-1）"。相较于未受到地震、洪灾等突发灾难事件影响的其他城市或乡村居民，汶川地震灾后重建区居民同样存在"短距离移民"驱动下的"社会性依恋高于物质性依恋的情形（H4-2）"（夏少琼，2014）。

迁居意愿研究涉及家、社区、城镇、国家等地理尺度的居住空间（Liu，2012；Corbett，2013；Rauhut and Littke，2016；Ouattara and Strobl，2014；Boboc et al.，2012）。研究发现，西班牙圣克鲁斯—德特内里费市居民对于社区的地方依恋弱于家和城镇，且不同人群对地方依恋的认知存在差异（Hidalgo and Hernández，2001），但受到某一地震灾难事件影响的不同地方的人群是否在地方依恋上表现出显著差异尚不可知。灾区居民与外来者（Outsiders）或他者（Others）对地震纪念性景观的情感体验不同，因而诱发疏离感、焦虑感、恐惧感、耻辱感等负面地理想象和"无地方性"感知的可能性也存在差异（Placelessness）（李华、刘敏，2021，2022；梁璐等，2018；王金伟、李冰洁，2021；Relph，1976）。换言之，汶川地震重灾区的纪念空间、旅游空间和生活空间相互叠加的程度存在差异，既能引起当地居民的灾难记忆与情感共鸣，也可能由于空间冲突、失语、屏蔽、压缩产生"地方错置"与"窥视剧场"的伦理关切，特别是迁居意愿表征下的地方依恋特征（Wang，2019；Yan et al.，2016；唐勇等，2018；薛熙明、封丹，2016；钱莉莉等，2018）。北川县城、映秀镇和汉旺县城均是极震区城镇的毁灭性破坏的典型代表，但仅映秀镇在原址重建，而北川县城和汉旺县城则在异地重建。因此，"北川县、汉旺镇、映秀镇与四川省内其他地区的受访对象在家的物质性依恋、城镇的一般性依恋和物质性依恋测试项上的认知可能存在明显的差异（H4-3）"。

综上所述，突发自然灾害驱动下的迁居意愿（Migration）是地方依恋的重要表征（Chumky et al.，2022），环境变迁、地震纪念性景观营造以及黑色旅游活动也塑造着灾区居民的地方感（Wang and Luo，2018；王金伟等，2020；Qian et al.，2017），但前期研究尚未聚焦于灾后重建区基于迁居意愿假设下空间环境地方依恋特征方面的若干争议与矛盾（Zheng et al.，2019；Bonaiuto et al.，2016）。有鉴于此，综合运用单因素方差分析和多重比较等方法，将一般性依恋、社会性依恋与物质性依恋置于家、小区（社区）、城镇三个空间尺度下予以考察，揭示基于迁居意愿假设的灾后重建区地方依恋特征及其差异，响应了对外部环境不稳定、不确定和不安全因素约束下人地关系问题的持续关注。

第二节　数据来源与研究方法

一、问卷设计

参考相关文献（Hernández et al.，2007；Hidalgo and Hernández，2001），设计九个地方依恋测试项，用以测量灾区居民对于个人、家人或街坊以及镇上的熟人搬离惯常空间环境所持的态度，包括一般性依恋、社会性依恋与物质性依恋三个维度，并将其置于家、社区（小区）、城镇三个不同的地方尺度予以考察（见表4-1、附录5）。

表4-1　地方依恋量表设计思路

地方依恋维度划分	测试项	参考题项	文献来源
个体对家的一般性依恋	G_1. 我不太愿意一个人到外地生活	我不愿意一个人搬家，而同住的其他人仍留下	Hernández et al.，2007；Hidalgo and Hernández，2001
家的社会性依恋	S_1. 我不希望家人独自到外地生活	我不希望与我同住的人搬家，而仅我留下	Hernández et al.，2007；Hidalgo and Hernández，2001
家的物质性依恋	P_1. 我不愿意和家人搬到外地生活	我不愿意与我同住的人一起搬家	Hernández et al.，2007；Hidalgo and Hernández，2001

地方依恋维度划分	测试项	参考题项	文献来源
个体对社区的一般性依恋	G_2. 我不愿意搬离现在熟悉的小区	我不愿意一个人搬离小区，而同住的其他人仍留下	Hernández et al., 2007; Hidalgo and Hernández, 2001
社区的社会性依恋	S_2. 如果熟悉的街坊搬家到外地会使我很感伤	我不希望熟悉的街坊搬离所居住的小区	Hernández et al., 2007; Hidalgo and Hernández, 2001
社区的物质性依恋	P_2. 如果我和熟悉的街坊都搬家会让我很感伤	我不愿意和熟悉的街坊一起搬离所居住的小区	Hernández et al., 2007; Hidalgo and Hernández, 2001
个体对城镇的一般性依恋	G_3. 我不愿意搬离现在熟悉的城镇	我不愿意一个人搬离熟悉的城市，而同住的其他人仍留下	Hernández et al., 2007; Hidalgo and Hernández, 2001
城镇的社会性依恋	S_3. 如果镇上的熟人搬家到外地会使我很感伤	我不希望熟悉的街坊搬离所居住的城市	Hernández et al., 2007; Hidalgo and Hernández, 2001
城镇的物质性依恋	P_3. 如果我和镇上的熟人都搬家会让我很感伤	我不愿意和城里的熟人一起搬离所居住的城市	Hernández et al., 2007; Hidalgo and Hernández, 2001

二、数据收集

采用便利抽样法，随机选取居住在北川县、汉旺镇、映秀镇和四川省内受到汶川地震影响的其他县市的居民作为调研对象，包括两个调研阶段，累计发放问卷589份（a=0.88），有效率86.93%。第一阶段始于2017年11月5~26日，投放问卷321份。第二阶段从2017年12月9日至2018年1月13日，投放问卷268份。一般性依恋、社会性依恋、物质性依恋三个维度的克朗巴哈系数分别为0.73、0.65、0.70（a>0.50）。

受访对象以18岁以下的学生群体（p=44.34%）和18~44岁年龄段的青年群体（p=40.04%）及女性为主（p=57.81%），仅少数接受了大专及以上的良好教育（p=16.21%）。学生群体（p=50.20%）和全职工作者（p=18.36%）是样本中的两类代表性人群。受访对象大多为居住在北川县（p=50.39%），然后是汉旺镇（p=29.88%），再次为映秀镇（p=13.87%）等地10年以上的居民（p=55.47%），他们支持地震纪念地开展黑色旅游活动（p=81.05%）（见表4-2）。

表4-2 灾区居民受访对象人口学特征

	频次	百分比（%）		频次	百分比（%）
性别			学历		
男	200	39.06	中专、初中、小学	226	44.14
女	296	57.81	高中、职高	192	37.50
N/A	16	3.13	大专	44	8.59
年龄			本科	37	7.23
18岁以下	227	44.34	硕士及以上	2	0.39
18~24岁	69	13.48	其他	3	0.59
25~34岁	72	14.06	N/A	8	1.56
35~44岁	64	12.50	常住地		
45~54岁	47	9.18	北川县	258	50.39
55~64岁	12	2.34	汉旺镇	153	29.88
65岁及以上	19	3.71	映秀镇	71	13.87
N/A	2	0.39	其他	24	4.69
			N/A	6	1.17
职业			本地居住时间		
全职工作	94	18.36	1~4年	112	21.87
兼职工作	16	3.13	5~10年	92	17.97
学生	257	50.20	10年以上	284	55.47
自主创业	42	8.20	N/A	24	4.69
退休	25	4.88	是否支持地震旅游		
待业	23	4.49	反对	23	4.49
其他	48	9.37	无所谓	61	11.92
N/A	7	1.37	支持	415	81.05
			N/A	13	2.54

注：缺失值表示填写错误的问卷数据或未填写的无效数据。

三、数据处理

首先使用平均数分析（Means）计算九个测试项的均值、标准差、标准误等统计量。其次采用方差齐性Levene检验（Test of Homogeneity of Variances）与单样本柯尔莫哥洛夫—斯米尔诺夫检验（One-sample Kolmogorov-Smirnov Test）探测数据是否具有方差齐性及属于正态分布。最后运用单因素方差分析和多重比较揭示空间环境地方依恋差异性特征。

第三节　研究结果

一、维度特征

九个测试项均值（3.37≤M≤3.72）大于李克特5分制量表中位数（M=3.00）。故受访对象总体上表现出较强的空间环境地方依恋特征。结合色阶图，将全部测试项分为四个分值段。其中，S_1 均值最高（M=3.72），其次是 G_1（M=3.64）、G_3（M=3.64）、G_2（M=3.61），复次为 P_1（M=3.59）、P_2（M=3.53）、S_2（M=3.51）、P_3（M=3.49），最后是 S_3（M=3.37）。G_1（SD=1.28）、S_1（SD=1.26）、P_1（SD=1.19）在统计分布上趋于离散，且选择4~5分的累计有效百分比分别为58.52%、62.71%、57.59%。P_3（SD=1.06）、G_2（SD=1.05）、S_2（SD=1.05）的标准差相对较小，选择4~5分的累计有效百分比分别为47.73%、56.88%、52.61%（见表4-3）。

表4-3　地方依恋平均数分析结果

测试项	均值/M	标准误	标准差/SD	方差	有效百分比（%）				
					1	2	3	4	5
G_1	3.64	0.06	1.28	1.63	9.04	9.24	23.20	25.26	33.26
S_1	3.72	0.06	1.26	1.59	7.99	10.04	19.26	27.46	35.25
P_1	3.59	0.05	1.19	1.42	7.90	8.94	25.57	31.39	26.20
G_2	3.61	0.05	1.05	1.33	5.95	10.27	26.90	30.60	26.28
S_2	3.51	0.05	1.05	1.11	4.80	10.02	32.57	34.24	18.37
P_2	3.53	0.05	1.10	1.20	5.02	10.88	31.38	31.17	21.55
G_3	3.64	0.05	1.11	1.23	4.75	9.30	29.13	30.37	26.45
S_3	3.37	0.05	1.09	1.18	6.39	11.96	36.08	29.49	16.08
P_3	3.49	0.05	1.06	1.13	4.94	8.85	38.48	27.36	20.37

地方依恋在不同空间尺度的纵向对比结果表明：受访对象对于家和城镇尺度的一般性依恋保持一致（G＝3.64），但对于社区尺度的一般性依恋略低（G＝3.61）。因此，大多数受访对象既不太愿意一个人到外地生活，也不愿意搬离现在熟悉的城镇，仅对自己搬离现在熟悉的小区略微不那么抵触（研究假设H4-1）。家（S＝3.72，SD＝1.26）的社会性依恋显著高于社区（S＝3.51，SD＝1.05）和城镇（S＝3.37，SD＝1.09）。家、社区与城镇尺度下的物质性依恋均值较为接近，均值依次相差0.06、0.04（见表4-4、图4-3）。

表4-4 地方依恋均值差

空间尺度	一般性依恋/G		社会性依恋/S		物质性依恋/P	
	均值	标准差	均值	标准差	均值	标准差
家	3.64	SD＝1.28	3.72	SD＝1.26	3.59	SD＝1.19
社区	3.61	SD＝1.15	3.51	SD＝1.05	3.53	SD＝1.10
城镇	3.64	SD＝1.11	3.37	SD＝1.09	3.49	SD＝1.06

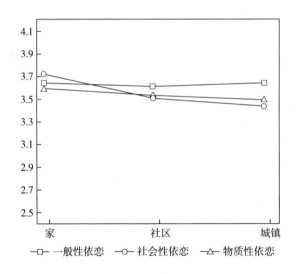

图4-3 基于迁居意愿的多尺度地方依恋均值比较

家、社区和城镇在不同地方依恋维度上的横向对比结果表明，家的社会性依恋（S＝3.72，SD＝1.26）依次高于一般性依恋（G＝3.64，SD＝1.28）和物质性依恋（P＝3.59，SD＝1.19）。因此，灾区居民特别不希望家人独自到外地生活，这一想法远胜于自己或是与家人一起搬到外地生活的情形（研究假设 H4-2）。社区的一般性依恋（G＝3.61，SD＝1.15）显著高于物质性依恋（P＝3.53，SD＝1.10）和社会性依恋（S＝3.51，SD＝1.05）。城镇的一般性依恋（G＝3.64，SD＝1.11）显著高于物质性依恋（P＝3.49，SD＝1.06）和社会性依恋（S＝3.37，SD＝1.09）。总体上，社区和城镇尺度下的社会性依恋低于同一尺度下的一般性依恋和物质性依恋，城镇尺度下的社会性依恋与物质性依恋最低。

二、差异特征

Levene 统计量与显著性概率（Sig.）提示，G_1、S_1、P_1、G_2、S_2 的方差不齐（$P < 0.05$）。因此，考虑采用 Tamhane's T2 作多重比较检验。相较而言，P_2、G_3、S_3、P_3 的 Levene 统计量分别为 1.81、2.52、1.77、1.75，显著性概率（Sig.）分别为 0.15、0.06、0.15、0.16，提示方差齐（$P > 0.05$），应使用 LSD 最小显著差异法作多重比较检验（见表 4-5）。全部测试项均不服从正态分布，但分组样本量大于 15 个，因此认为单因素方差分析结果可信（见表 4-6）。

表 4-5　地方依恋方差齐性检验

测试项	里维斯统计量	自由度 df_1	自由度 df_2	显著性概率（Sig.）
G_1	3.03	3	478	0.03
S_1	3.47	3	478	0.02
P_1	6.33	3	471	0.00
G_2	5.93	3	477	0.00
S_2	3.39	3	469	0.02
P_2	1.81	3	468	**0.15**
G_3	2.52	3	474	**0.06**
S_3	1.77	3	475	**0.15**
P_3	1.75	3	476	**0.16**

表 4-6　地方依恋 K-S 正态分布检验

测量指标	统计量	常住地	G_1	S_1	P_1	G_2	S_2	P_2	G_3	S_3	P_3
	样本数	506	487	488	481	487	479	478	484	485	486
正态参数	均值/M	1.73	3.64	3.72	3.59	3.61	3.51	3.53	3.64	3.37	3.49
	标准差/SD	0.88	1.28	1.26	1.19	1.15	1.05	1.10	1.11	1.09	1.06

续表

测量指标	统计量	常住地	G_1	S_1	P_1	G_2	S_2	P_2	G_3	S_3	P_3
最极端差别	绝对差/AD	0.31	0.20	0.22	0.21	0.20	0.20	0.19	0.19	0.18	0.20
	正	0.31	0.14	0.16	0.12	0.13	0.16	0.16	0.15	0.18	0.20
	负	−0.20	−0.20	−0.22	−0.21	−0.20	−0.20	−0.19	−0.20	−0.18	−0.18
单样本 Kolmogorov-Smirnov Z 检验		6.89	4.30	4.75	4.61	4.44	4.47	4.20	4.26	4.04	4.44
渐进显著性（双侧）		0.00	0.00	0.00	0.00	0.00	0.00	0.00	0.00	0.00	0.00

存在明显组间差异的测试项共 3 项（P<0.05），包括"我不愿意和家人搬到外地生活"（F=4.61，Sig.=0.00）、"我不愿意搬离现在熟悉的城镇"（F=3.62，Sig.=0.01）、"如果我和镇上的熟人都搬家会让我很感伤"（F=2.70，Sig.=0.045）。研究假设 H4-3 得到支持，即"北川、汉旺、映秀及四川省内其他地区受访对象在上述三个测试项的回答上存在显著差异"（见表 4-7）。

表 4-7　地方依恋 ANOVA 方差分析

测试项	组间/组内差	离差平方和	自由度	均方	F 值	显著性概率（Sig.）
G_1	组间	5.38	3	1.80	1.11	0.34
	组内	772.06	478	1.62		
	全部	777.44	481			
S_1	组间	2.55	3	0.85	0.53	0.66
	组内	761.75	478	1.60		
	全部	764.30	481			
P_1	组间	19.10	3	6.37	4.61	**0.00**
	组内	650.70	471	1.38		
	全部	669.80	474			
G_2	组间	9.34	3	3.12	2.37	0.07
	组内	627.79	477	1.32		
	全部	637.14	480			
S_2	组间	1.65	3	0.55	0.49	0.69
	组内	522.37	469	1.11		
	全部	524.02	472			

测试项	组间/组内差	离差平方和	自由度	均方	F 值	显著性概率（Sig.）
P_2	组间	3.85	3	1.28	1.08	0.36
	组内	557.31	468	1.19		
	全部	561.15	471			
G_3	组间	13.18	3	4.39	3.62	**0.01**
	组内	575.48	474	1.21		
	全部	588.66	477			
S_3	组间	2.23	3	0.74	0.63	0.60
	组内	559.88	475	1.18		
	全部	562.11	478			
P_3	组间	9.05	3	3.02	2.70	**0.045**
	组内	530.95	476	1.12		
	全部	540.00	479			

　　多重比较结果显示，对于"我不愿意和家人搬到外地生活"这一选项（P_1），映秀（M＝3.16）与北川（M＝3.67）、汉旺（M＝3.74）的均值均存在明显差异。其中，映秀与北川的均值差为－0.51（P＝0.04），与汉旺之差为－0.58（P＝0.03）。对于"我不愿意搬离现在熟悉的城镇"这一选项（G_3），汉旺（M＝3.88）的均值明显高于北川（M＝3.59）、映秀（M＝3.38）。其中，汉旺与北川的均值差为0.29（P＝0.01），与映秀之差为0.50（P＝0.00）。对于"如果我和镇上的熟人都搬家会让我很感伤"这一选项（P3），汉旺（M＝3.66）的均值明显高于映秀（M＝3.34）、四川省内其他地区（M＝3.13）。其中，汉旺与映秀的均值差为0.32（P＝0.04），与四川省内其他地区之差为0.54（P＝0.02）（见表4-8）。

表4-8　地方依恋多重比较结果

因变量		(I) 常住地	(J) 常住地	(I-J) 差值	标准误	显著性概率（Sig.）
P_1. 我不愿意和家人搬到外地生活	Tamhane's T2	北川	汉旺	-0.07	0.12	1.00
			映秀	**0.51**＊	0.18	0.04
			其他	0.38	0.27	0.69

续表

因变量		（I）常住地	（J）常住地	（I-J）差值	标准误	显著性概率（Sig.）
P₁. 我不愿意和家人搬到外地生活	Tamhane's T2	汉旺	北川	0.07	0.12	1.00
			映秀	**0.58** *	0.20	0.03
			其他	0.45	0.29	0.56
		映秀	北川	**−0.51** *	0.18	0.04
			汉旺	**−0.58** *	0.20	0.03
			其他	−0.13	0.32	1.00
		其他	北川	−0.38	0.27	0.69
			汉旺	−0.45	0.29	0.56
			映秀	0.127	0.32	1.00
G₃. 我不愿意搬离现在熟悉的城镇	LSD	北川	汉旺	**−0.29** *	0.12	0.01
			映秀	0.21	0.15	0.17
			其他	−0.08	0.24	0.74
		汉旺	北川	**0.29** *	0.12	0.01
			映秀	**0.50** *	0.16	0.00
			其他	0.21	0.24	0.39
		映秀	北川	−0.21	0.15	0.17
			汉旺	**−0.50** *	0.16	0.00
			其他	−0.29	0.26	0.27
		其他	北川	0.08	0.24	0.74
			汉旺	−0.21	0.24	0.39
			映秀	0.29	0.26	0.27
P₃. 如果我和镇上的熟人都搬家会让我很感伤	LSD	北川	汉旺	−0.18	0.11	0.10
			映秀	0.14	0.15	0.34
			其他	0.36	0.23	0.12
		汉旺	北川	0.18	0.11	0.10
			映秀	**0.32** *	0.16	0.04
			其他	**0.54** *	0.23	0.02
		映秀	北川	−0.14	0.15	0.34
			汉旺	**−0.32** *	0.16	0.04
			其他	0.22	0.25	0.39
		其他	北川	−0.36	0.23	0.12
			汉旺	**−0.54**	0.23	0.02
			映秀	−0.22	0.25	0.39

注：＊表示均值差在 0.05 水平显著。

第四节　本章小结

汶川地震见证了中国社会的成长，呈现了中国社会发展的特殊意义，也为了解灾后重建区不同尺度空间环境地方依恋问题提供了重要契机（唐勇等，2019）。基于迁居意愿假设，聚焦家、社区和城镇尺度下地方依恋的维度与差异性特征，取得如下主要认识：

第一，受访对象总体上表现出较强的空间环境地方依恋特征。就一般性依恋维度而言，他们既不太愿意一个人到外地生活，也不愿意搬离现在熟悉的城镇，仅对自己搬离现在熟悉的小区略微不那么抵触。因此，H4-1"灾区居民逐渐走出了痛苦，大多不愿意单独到外地生活、搬离熟悉的小区或城镇，表现出较强的一般性依恋性特征"得到支持。该结论与荷兰逐渐萎缩的乡村、布鲁塞尔旧城区、西班牙圣克鲁斯—德特内里费市关于地方依恋的实证研究结果保持一致（Van Der Star and Hochstenbach，2022；De Backer，2022）。不难理解，受到环境灾害困扰的居民由于生活质量等物质性因素和根深蒂固感等情感因素的约束不会轻易做出搬迁的决定，即使是曾遭受过地震灾难的高烈度山区亦如此（Swapan and Sadeque，2021）。从社会性依恋维度来看，家的社会性依恋显著高于社区和城镇尺度。换言之，灾区居民特别不希望家人独自到外地生活，这一想法远胜于熟悉的街坊和镇上的熟人搬家让其感到伤感。

第二，家的社会性依恋显著高于一般性依恋和物质性依恋。换言之，灾区居民特别不希望家人独自到外地生活，这一想法远胜于自己或是与家人一起搬到外地生活情形（H4-2）。在此意义上，变动中的"家"和家人是社会性依恋的核心（Hidalgo and Hernández，2001）。然而，社区和城镇尺度下的社会性依恋低于一般性依恋和物质性依恋，且城镇尺度下的社会性依恋与物质性依恋最低。因此，如果熟悉的街坊和镇上的熟人搬离家不会比自己搬迁或与街坊、熟人一起搬迁更让人难以接受。街坊或熟人搬离社区或城镇表征了相对较弱的社会性依恋，而自己搬迁（一般性依恋）或与街坊、熟人一起搬迁（物质性依恋）表征了自我与他者共同构成了基于迁居意愿的地方依恋特质。

第三，北川、汉旺、映秀与四川省内其他地区的受访对象在家的物质性依恋、城镇的一般性依恋和物质性依恋测试项上的认知存在明显的组间差异（H4-3）。其中，映秀对家的物质性依恋显著低于北川和汉旺；汉旺对城镇的一般性依恋明显高于北川、映秀；汉旺对城镇的物质性依恋明显高于映秀和省内其他地区。究其原因，迁居意愿作为汶川地震灾后重建区地方依恋差异性特征的重要表征，表明了不同区域纪念空间、旅游空间和生活空间相互叠加程度上的差异。映秀镇在地震废墟上原址重建，是汶川地震的震中所在地，其城市公共空间大多具备纪念属性，与灾后重建的生活空间相互叠加的情况远胜于异地重建的北川新县城和汉旺新镇。因此，空间叠加对迁居意愿的驱使为反思灾后重建区不同空间尺度迫在眉睫的空间冲突、地方错置等所致的无地方性问题和灾后地方性宜居空间营造提供了重要依据（Wang，2019；Yan et al.，2016；唐勇等，2018；薛熙明、封丹，2016；钱莉莉等，2018）。

综上所述，基于震区特殊的社会文化环境，关注负面情感联结，在搬离惯常空间环境这一前提假设下突破了地方依恋这一重要概念的传统测量方案，转向一般性、社会性与物质性依恋维度，并将其置于家、社区、城镇三个不同的空间尺度环境下予以考察（Soini et al.，2012；Black et al.，2013），延续了对地方尺度以及自我与他者情感联结的关照，有望为乡村旅游地、红色旅游地、遗产旅游地等场所的地方依恋问题提供对比性实证案例（Scannell and Gifford，2010）。

面向灾后重建区安居乐业这一重要目标，构建"基于迁居意愿的多尺度地方依恋调试模型"，由此将实证研究引入对策分析的现实层面（见图4-4）。

首先，针对环境变迁所致的山地自然灾害风险对灾后重建区生存环境的持续胁迫，建议通过加强山地灾害防治和做好风险舆情引导予以应对。外部环境的不稳定、不确定和不安全因素对灾后重建区的差异化的社会响应过程对塑造（重塑）居民地方感有重要意义。因此，加强防灾减灾中的韧性建设是有效降低迁居意愿的重要前提。

其次，针对地震纪念性景观营造所产生的多重文化空间叠加，特别是与居住空间的冲突问题，建议通过优化空间配置和缓解空间冲突予以解决。纪念性景观面貌传递了社会群体对灾难记忆的集体解读（Foote，2003），但地方性宜居空间营造在时间维度和空间尺度上需要面对空间叠加和地方措置等空间冲突问题，特别是应关注变动中的"家"和家人的社会性依恋以及不同灾区城镇地方依恋的差异性问题。

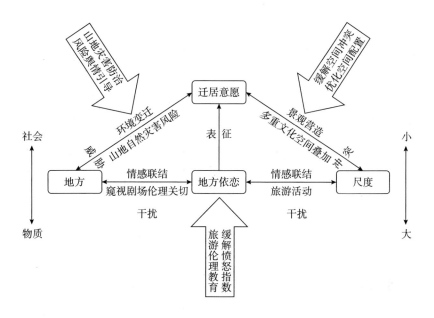

图4-4　基于迁居意愿的多尺度地方依恋调试模型

最后，针对旅游活动相关联的伦理关切，建议通过加强旅游伦理教育和缓解居民愤怒指数予以调试。无论是地方政府，还是地震灾区有关旅游景区或场馆等管理机构都需要更加重视黑色旅游地的伦理关切，积极利用黑色旅游协调主客关系、降低社区居民的愤怒指数（Qian et al.，2017）。

汶川地震虽然过去了十余年，但其社会文化影响将长期存在，灾难记忆仍然是塑造居民地方依恋的重要因素，凸显了本书在时间尺度上的价值和意义。由于数据收集、问卷设计等方面的不足，约束了研究结果的解释效力。本书研究结论可视为历时性研究的起点，采用历时性策略将有助于持续捕捉灾区地方依恋的动态变化过程和特征。鉴于测试项维度划分基于文献预设，故采用主成分因子分析检验结构效度并不适用（Hidalgo and Hernández，2001）。目前的调研对象没能覆盖到实际搬迁人群是本书的一个缺憾，有必要在后续研究中补充调研，从而形成与未能搬迁、暂未搬迁或不希望搬迁人群的对比性结论。综上所述，汶川地震对于中国社会发展的特殊价值与全球意义不会就此消退，而是需要更长时间才能对地震灾难阴霾之下的地方性特质做出判定。

第五章 西昌市森林火灾风险敏感度研究[①]

全球气候变暖、城市化进程加快等问题叠加，使得森林火灾成为危及全球的重大突发灾害（杜建华等，2019；Jenkins et al.，2014；Tsibart and Gennadiev，2008；魏书精等，2020）。据不完全统计，全球年均森林火灾发生频数超过22万次，造成上万人死亡，损毁森林资源近1000万平方千米（王文革、庞丽杰，2020），过火面积超百万公顷的特大森林火灾多达12次，主要集中在澳大利亚、加拿大、西班牙、美国和中国。

近5年来，中国发生林火10301起，其中832起发生在四川省，尤以凉山彝族自治州（以下简称凉山州）等地的森林火灾最为严重（胡卸文等，2020；周代华，1986）。凉山州森林火灾频发，严重损害社会经济、林木资源，威胁公众人身财产安全（甘薇薇等，2016）。2019年3月30日，凉山州木里县因原始森林遭雷击引发森林火灾，致31人遇难；次年3月30日，凉山州西昌市经久乡大营农场再次发生森林大火，过火面积>3000平方千米，重度火烧区>46.8%（胡卸文等，2020）。山火迅速蔓延至泸山，直接威胁石油液化气储配站、加油站、学校以及大型百货仓库等重要设施，造成19人遇难和重大财产损失（胡卸文等，2020；白夜等，2020）。森林火灾扑救过程的复杂性及相关新闻报道加重了部分公众对西昌适游安全性问题的顾虑（郑向敏，2010；黄钰琳，2020）。在此意义上，旅游凝视下差异化的火灾风险感知是灾后重建过程中亟待解答的重要基础性科学问题（Floyd et al.，2004）。

[①] 本章研究进展节选自依来阿支的硕士学位论文《西昌市森林火灾风险感知对旅游行为影响研究》；研究结果等刊发于《四川林业科技》2022年第43卷第1期，由依来阿支、唐勇、何莉等共同完成。

灾害风险感知视域下的人类行为即"人—灾"行为研究是灾害地理学、行为地理学、人类学等自然与社会科学领域共同关注的重要课题，相关研究涵盖地震、洪水、飓风、海啸等灾害类型，火灾方面鲜有涉及（尚志海，2018a；唐勇，2014；Tsibart and Gennadiev，2008）。全球森林火灾频发，为火灾驱动下的生态环境、气候变化、风险评估和预警等研究提供诸多案例（岳超等，2020），但森林火灾与旅游行为之间的关系所受关注尚不充分（George，2010；Quintal et al.，2010；贾建民等，2008）。

目前，林火研究集中在生态环境、风险评估和预警、气候变化影响等方面（Gunn and Taylor，1973；岳超等，2020）。研究发现，森林火灾不仅损毁旅游资源，更破坏了旅游目的地安全形象，对旅游决策的负面效应显著（Thapa et al.，2013；Cioccio and Michael，2007）。但旅游业在应对森林火灾危机时，常常由于过分注重客观数据而忽视旅游主体即旅游者的主观风险感知差异（朱建华，2013；陈楠等，2009）。实际上，火灾扑救过程的复杂性及相关新闻报道加重了部分公众对适游安全性问题的顾虑，导致旅游者在一定程度上产生了高风险感知，甚至出现心理恐慌（黄钰琳，2020；郑向敏，2010）。因此，有必要从旅游者的角度评估森林火灾风险，对森林火灾风险感知与旅游行为关系进行实证研究，而不是简单的风险评估（Hystad and Keller，2008）。前人关于森林火灾风险与旅游决策关系的探索，为森林火灾驱动下风险感知对旅游行为影响研究提供了重要参考（Thapa et al.，2013）。

风险敏感度（Risk Sensitivity）是灾害地理学、人类学、社会学等自然与社会科学领域共同关注的重要问题，涉及地震、洪水、飓风、海啸等灾害类型（尚志海，2018a；魏书精等，2020；Tsibart and Gennadiev，2008）。近年来，全球森林火灾频发，为火灾驱动下的生态环境、气候变化、风险评估和预警等研究提供诸多案例（Reynolds et al.，2007；岳超等，2020），但森林火灾与旅游行为之间的关系所受关注尚不充分（贾建民等，2018；Quintal et al.，2010；Rosselló et al.，2020）。研究发现，森林火灾不仅损毁旅游资源，更破坏了旅游目的地安全形象，对旅游决策的负面效应显著（Cioccio and Michael，2007；Thapa et al.，2013）。前人关于森林灾害风险与旅游决策关系的探索为森林火灾驱动下风险敏感度及其聚类问题研究提供了重要参考（Thapa et al.，2013；Borrie et al.，2006；Walters and Clulow，2010）。

综上所述，森林火灾与旅游行为方面缺乏实证研究，森林火灾影响下的旅游行为研究是前沿领域（Floyd et al.，2004），旅游凝视下差异化的森林火灾风险感知与旅游行为是灾后重建过程中亟待解决的重要问题（Borrie et al.，2006）。有鉴于此，本章以西昌森林火灾为案例，采用实证研究设计，基于"游客凝视"，揭示森林火灾风险敏感度聚类特征及火灾发生可能性感知差异和火灾险情驱动下的不同旅游行为，以期为"人—灾"行为关系研究提供实证案例，特别是为不同风险敏感度人群制定差异化和针对性的舆情应对策略提供参考。

第一节　相关研究进展

一、旅游风险感知

风险是消费者无法预见的严重后果和客观因素的不确定性的集合（郑淑芳，2014；Hsu et al.，2009），而个人对旅游过程中遭遇危险的可能性或对旅行遭受破坏可能性的感知即为风险感知（吴国清，2015；Sönmez and Graefe，1998）。Bauer（1960）最先将风险感知（Risk Perception）这一概念引入消费者行为领域，此后，风险感知理论便被广泛用于旅游学领域。旅游风险感知尚未形成统一定义，但总体上与消费者对购买旅行产品的不确定性和后果的严重性有关（朱建华等，2013）。

风险感知的定量化研究与风险预测研究方面已形成了一些基本的风险感知测量方法，主要分为心理测量范式、风险放大范式以及社会文化理论三种典型范式理论（苏飞等，2016；Gaillard，2008；Slovic，2000）。心理测量范式侧重对风险信息主观特征和受访对象主观认知的测量，常结合使用李克特量表与统计学方法对风险感知及其影响因素进行定量描述，是目前绝大多数旅游风险感知研究采用的方法（袁绪波，2015；王锋，2013）。风险放大理论主要由信息机制、社会反应机制组成，风险在传播过程中被不断放大或缩小，使得公众产生抗击性行为（卜玉梅，2009）。社会文化理论认为，制度结构是影响风险感知的首要原因，人们会根据制度结构、程序规则和社会认知方式来应对风险（王锋，2013）。

风险感知是一个多维度概念，国内外学者对旅游风险感知维度展开了识别研究（Lepp and Gibson，2008）。旅游风险感知维度的划分因研究内容、方式、角度或研究目的不同而有所差异。例如，Crompton（1979）提出风险感知包括认知和情感两个维度；Moutinho（1987）认为旅行者对风险的认知取决于所感知的风险类型；Michel（1992）将旅游风险感知分为身体状况风险、旅途风险和目的地风险三个方面；陈楠（2009）用因子分析提炼出影响出境旅游的主要风险因子，并指出风险感知主因子中任何因素的改变，都会直接影响游客对旅游目的地的旅游安全感知；许晖等（2013）通过对上述研究的进一步梳理与整合，将旅游风险感知维度概括为身体、功能、时间、服务、财务、社会和心理风险七个方面，这一分类方法较为典型，使用频率相对较高。

关于旅游风险感知影响因素的研究成果主要集中于人口学特征。一般而言，女性的风险感知水平高于男性（朱建华等，2013；陈毅清等，2012）；年长游客的风险感知水平低于年轻游客（Gibson and Yiannakis，2002）；高收入人群的风险感知水平低于低收入人群（丛丽等，2017）；个人旅行者的风险感知水平高于集体旅行者（Weber and Hsee，1998）；受过高等教育的游客比受教育程度低的游客感知到的旅行风险更低，原因可能是受过良好教育的游客拥有更多的旅行风险信息，对真实风险的误解更少（Laver et al.，2001）。此外，游客对旅行风险的理解取决于对目的地的熟悉程度（Fuchs and Reichel，2011；Carr，2001）。Bontempo 等（1997）发现，中国人的风险意识与西方人的风险意识明显不同；Tangvitoontham 等（2017）指出，东盟和东亚的游客比南亚、美国和大洋洲的游客对风险更加敏感，更容易受到流行病等的威胁，证实了国籍是影响旅游风险感知的一个重要方面。

综上，旅游风险感知涉及的人的意识、动机和决策，受人口学、社会、文化、制度背景等的影响（Schiffman，2007；金立印，2007；Sirakaya，1997）。消费者通常在对旅游地风险因素、体验和认知的评价基础上做出旅游决策，游客风险感知程度越高，越有可能缩短、推迟或取消其旅行计划（焦华富等，2013；Mitchell，1981）。前人关于旅游风险感知的研究成果丰富，为后续研究提供了诸多借鉴。

二、火灾的旅游影响

旅游业极具脆弱性与敏感性，容易受到自然或人为灾害的影响（Gupta and Zeithaml，2006；Faulkner，2001）。部分突发事件的影响可以在一定周期内快速恢复，而一些突发灾害的发生，对基础设施和生态系统造成了致命性破坏，给旅游业造成的巨大冲击需要几年甚至几十年才能恢复，森林火灾便属于后者（Goodrich，2002）。森林火灾的发生导致受灾地区旅游经济严重受损，森林火灾已成为旅游业最严重的危机之一（敖孔华，2007；Ritchie，2004；Coppock，1982）。

首先，森林火灾破坏旅游设施和旅游资源，对旅游业的可持续发展造成严重打击（Cioccio and Michael，2007）。例如，2003 年澳大利亚森林大火严重破坏了当地旅游产品，牵涉旅游企业 1100 多家，至少有 15 家企业倒闭（Ministerial et al.，2003；Heinrich，2003），灾后第一个月旅游业务损失超过 2000 万美元，旅游业面临严重的经济衰退（Edwards，2003）。火灾对旅游地的破坏，不仅使旅游业恢复成本上涨，还使非运营损失也大大增加，这一点对依赖森林资源的旅游景点或企业尤为突出。例如，2008 年加利福尼亚的森林大火破坏了漂流、远足、划船、捕鱼、野生生物观赏和露营等旅游基础服务设施，使户外休闲企业不能正常营业，导致当地旅游收入大大减少（Davis et al.，2021）。

其次，森林火灾影响游客旅行决策。森林火灾可能引发的一些次生灾害（如呼吸系统疾病、封路、空气污染等）和相关新闻媒体的大肆报道，使旅游者的风险感知和应激反应在短时间内激增或骤减，加大了其旅游决策犹豫（邵冬梅，2007）。潜在旅行者根据火灾风险评估，会相应做出缩短、推迟或取消旅行计划的决定（Hystad and Keller，2008），如 2000 年希腊大火的发生导致近 50% 的游客取消了预订（Scott and Lemieux，2010）。森林火灾不仅对受灾地的旅游业产生影响，还有可能发生涟漪效应（Ripple effect），使旅游者对周边没有发生火灾的地区产生同样的风险感知，从而放弃旅行计划（Huang et al.，2008）。美国国家公园管理局公布的数据有效佐证了这一观点。John 等（2013）进一步指出火灾发生次数与游客量之间存在显著负相关性。Thapa 等（2013）考察了游客对佛罗里达州森林火灾的风险感知和反应行为，指出游客的火灾风险感知存在显著差异，且不同类型的旅游者面对不同的火灾险情会做出不同的应对行为。该研究突出了森林火灾风险感知在旅游决策过程中的重要性，也为森林火灾风险感知的定量研究提供了重要参考。

最后，森林火灾损害旅游目的地安全形象（Pennington et al.，2011；Miller and Ritchie，2003）。媒体对森林火灾事件的进一步传播，使森林火灾风险议题被逐步放大，投射出受灾地区不安全的负面形象，让旅游者感到恐慌，这使可以选择替代旅游产品的潜在游客望而却步，从而导致原目的地的旅游收入遭受损失。与不良事件本身造成的后果相比，围绕不良事件进行宣传可能给目的地造成更大的伤害（陈奕、张晴，2012）。

综上所述，森林火灾作为不可预测的突发事件，不仅破坏基础旅游设施，还会引发"蝴蝶效应""涟漪效应"等一系列连锁反应。旅游地一旦发生重大森林火灾事件，会在短时间内传导出旅游目的地的危险形象，导致游客旅游行为发生改变，进而制约受灾地旅游业的发展（Ruan et al.，2017；魏小安、曾博伟，2008；Walker et al.，2004）。

三、灾后旅游行为

旅游行为是"认识—决策—行为"的过程，其中，旅行决策是旅游行为的核心，旅行决策在很大程度上受到主观认知的影响（郭洋洋、高军，2020；Ramayah，2009；罗明义，2000）。灾后旅游行为，是旅游目的地发生灾害事件以后，旅行者在收集各种灾害信息的基础上，根据自己的主观偏好做出旅游决策的过程（龙鑫、马耀峰，2008）。

风险感知与灾后旅游行为密切相关，旅游者面对突发、难以预测、极有可能带来严重身心伤害、财产损失的灾害事件时，往往会在旅行决策中进行灾害回避策略（孙磊等，2018；李盈霞，2015）。旅游者对特定灾害的风险感知越大，旅游行为越趋于避开风险。例如，李锋（2009）发现，旅游者面对金融危机、洪水、SARS 等危机事件时，其风险感知越强，越倾向于做出风险规避行为；Sarman 等（2016）研究了自然灾害和健康影响等四个风险对东南亚旅游业的影响，并发现高风险感知会直接导致旅游行为发生改变；Shim 和 You（2015）明确指出，灾害风险感知与旅游者行为意愿呈负相关；Lindell（2012）、唐玉玲（2011）等认为风险感知是导致规避行为的直接因素，并将规避行为进一步分为完全规避行为和不完全规避行为。但 Wachinger 等（2013）认为高风险感知不一定会使游客产生防御行为，甚至有研究得出了完全相反的结论，认为风险感知与旅游行为呈正相关（李华强，2011）。

不同个体在面对不同类型灾害时的具体行为反馈存在显著差异（李锋，2008；李锋、孙根年，2007）。例如，年长且旅游经验丰富的男性在面对诸如健康等潜在风险时，更倾向于继续旅行（吴国清，2015；Kozak et al.，2007）。大众游客、参团游客、背包客对风险的态度和面对灾害威胁时的行为反馈存在显著差异（Lepp and Gibson，2008；白凯等，2006）。此外，不同灾害事件对旅游行为产生的主要影响也不尽相同（孙滢悦，2019；Wong and Yeh，2009）。Tangvitoontham 和 Sattayanuwat（2017）用实证分析方法，得出洪水、流行病等会使游客推迟旅行计划，而龙卷风更可能导致游客取消旅行计划的结论；Rosselló 等（2020）认为与火山爆发等重大灾害相比，洪水和暴风雨等灾害对游客旅行计划的影响相对较小。

综上所述，灾害事件影响游客风险感知，对旅游行为存在显著负面影响，是旅游行为强有力的预测指标（Chandler，1991）。旅游行为研究涵盖地震、飓风等领域，已成为灾害地理学、行为地理学的重要研究方面（Englander，1991）。有鉴于此，基于旅游者视角，参考"人—灾"行为理论设计风险感知评价量表，探索森林火灾风险感知与旅游行为关联研究，对灾后旅游业恢复具有一定意义。

第二节　案例分析

一、研究区域

本书以凉山州西昌市经久乡特大森林火灾受灾地点为研究区域，森林火灾主要受灾点位于泸山国家级风景名胜区。泸山景区山体占地面积 6509 平方千米，主峰海拔高度 2317 米，火灾前属原始森林区，植被覆盖率超过 90%，以易燃的云南松和桉树林为主。据测算，此次森林火灾总过火面积约 3000 平方千米，重度火烧区占比 46.8%、中度火烧区占比 37.9%、轻度火烧区占比 15.3%，受灾区域植被遭受严重破坏，过火区域覆盖率明显降低（胡卸文等，2020）。受灾地区周边有许多重要设施，包括 1 个储量 200 余吨的石油液化气储配站、2 个加油站、4 所学校、奴隶社会博物馆、文物保护单位光福寺和西昌市最大的百货仓库（本刊综合，2020）。

二、森林火灾

凉山州植被茂密，林区广布，森林覆盖面积高达 45.97%。受特殊气候条件、植被特征、人类活动等的影响，凉山州极易发生森林火灾（周代华，1986）。由于地势陡峭、地形复杂，森林火灾发生后，扑救工作难度极大，凉山成为森林火灾风险等级最高、火灾防治任务最重的地区之一（陆全辉等，2020）。

2019 年，凉山州发生 22 起森林火灾事件，尤以 2 月至 4 月发生火灾较多，占全年火灾总数的 80% 左右；已知过火总面积超过 500 平方千米，相当于 9415 个篮球场大小（见表 5-1）。凉山州 17 个辖区中，有 12 个一级火险单位，约占全省一级火险单位（94 个）的 1/8，而其余 5 个县（宁南、金阳、越西、昭觉、喜德）也属于二级火险单位（白夜等，2020）。

表 5-1　2019 年凉山州火灾情况

序号	时间	火灾地点	过火面积（平方千米）
1	2019 年 1 月 6 日	越西县大瑞镇瑞青村	90.53
2	2019 年 1 月 26 日	宁南县披砂镇务旭村一组	24.67
3	2019 年 2 月 3 日	盐源县右所乡大村村	——
4	2019 年 2 月 4 日	会东县老君滩乡小牛场村	15.47
5	2019 年 2 月 6 日	西昌市西郊乡长安村十组	1.22
6	2019 年 2 月 9 日	西昌市川兴镇三合村六组	1.12
7	2019 年 2 月 12 日	西昌市黄水乡鹿鹤村六组	17.00
8	2019 年 2 月 12 日	会理县槽元乡河坪村三组	——
9	2019 年 2 月 24 日	会东县满银沟镇三合村	60.49
10	2019 年 2 月 27 日	冕宁县泸沽镇大坪村	20.00
11	2019 年 3 月 2 日	盐源县官地镇阿梯坝村与平子村交界处	70.00
12	2019 年 3 月 3 日	冕宁县先锋乡南山村二组	——
13	2019 年 3 月 3 日	喜德县拉克乡呷拖村	——
14	2019 年 3 月 5 日	西昌市四合乡四合村	0.11
15	2019 年 3 月 5 日	冕宁县城厢镇石长屯村	6.01
16	2019 年 3 月 8 日	西昌市磨盘乡磨盘村三组	——
17	2019 年 3 月 30 日	冕宁县宏模乡拉白村四组	7.60
18	2019 年 3 月 30 日	木里县雅砻江镇立尔村	120
19	2019 年 4 月 7 日	越西县大花乡瑞元村	2.67
20	2019 年 4 月 8 日	冕宁县联合乡大川毫村	46.75
21	2019 年 6 月 8 日	木里县唐央乡	——
22	2019 年 12 月 25 日	冕宁县漫水湾镇沙而村三组	31.95
总计		——	515.59

冬春换季期间草木枯萎，气候干燥，是森林火灾高发时节。2020 年 3 月以来，西昌已连续 20 天无降雨，30 日最高气温达到 31.2℃，当天风力也超过了 7

级（董颖钰，2020）。2020 年 3 月 30 日 15 时 51 分，西昌市大营农场起火，复杂多变的地形地势，加大了扑救工作的难度。风向的突变，加上受灾区域树种以松树油脂含量高、遇火极易燃烧的桉树和云南松木为主，山火迅速蔓延至泸山，直接威胁周边群众和主城区安全（魏书精等，2020；张彤，2020）。截至 4 月 2 日 12 时 1 分，历时整整 3 天，经过 3600 多名凉山和各地增援消防队员日夜鏖战，明火才得以全部扑灭。此次森林火灾总过火面积约 3000 平方千米，直接经济损失超 9000 万元，最让人痛心的是，18 名打火队员和 1 名向导在此次事故中不幸牺牲（胡卸文等，2020）。

第三节 数据来源与研究方法

一、量表设计

参考相关文献设计自填式半封闭结构化问卷（李静等，2015；Thapa et al.，2013；Slovic，2000），以李克特 5 分制（Likert）量表为度量尺度。问卷使用正反向题目，调研过程中统一采用正向分值，统计结果时将反向陈述题目的得分进行反转，再对数据加以分析（蔡明航，2017；郭庆科等，2006）。量表包括森林火灾严重性（均为正向题目）、森林火灾风险敏感性（1~5 题为正向题目，6~10 题为反向题目）、火灾发生可能性（均为正向题目）、火灾险情（均为正向题目）、旅游行为（第 1 题为反向题目，2~5 题为正向题目）、人口学特征六个部分和一项开放性问题——请对西昌森林火灾防治提意见。第一个问题（您是否是西昌本地居民？）用于区分本地居民和外地游客，本地居民填写的问卷作为无效问卷进行剔除。凉山州除西昌市以外的其余 15 个县的居民也作为游客受访（见附录 6）。

第一部分为森林火灾严重性测试项，用以测量公众"如何看待西昌森林火灾？"此组问题共十二个测试项，问卷要求受访者依据对题项表述的赞同程度进行评价，从 1~5 分分别表示"完全不同意/完全同意"。其中第一题，括号内容是向受访对象解释说明特大森林火灾的具体定义，文中统一简称"特别重大的森林火灾"。

第二部分为森林火灾风险敏感性测试项，用以测量"西昌森林火灾在何种程度上影响旅游意愿/计划？"此组问题共十个测试项，选项描述从"完全不同意/完全同意"，分别赋值1~5分。

第三部分为火灾发生可能性测试项，用以测量"西昌哪些地方（节日）更容易发生火灾？"此组问题共六个测试项，1~4题为对西昌市实体景观的测试项，包括邛海、泸山、建昌故城、奴隶社会博物馆四个测试项；5~6题是抽象景观的测试项，包括火把节、彝族年两个题项。从1~5分别表示"完全不可能/极其可能"，游客对不了解的地方（节日）可以选择不回答（计0分）。

第四部分是火灾险情测试项，用以考察"以下哪种情形会对你目前或未来前往西昌的计划造成影响？"此组问题包括交通、污染、健康等共八个测试项。选项描述从1~5分别表示"毫无影响/再也不去"。其中第七个测试项"西昌多次发生森林火灾，但火灾没有发生在我旅游的景点附近"，仅针对目前在西昌的游客，网络问卷剔除这一选项。

第五部分为旅游行为反馈测试项，用以测量"这场森林大火是否对你目前或未来前往西昌的计划造成影响？"此组问题共五个测试项，选项描述从1~5分别表示"完全不同意/完全同意"。

二、数据采集

综合使用网络问卷和实地问卷，分两个阶段采集数据。第一阶段：通过实地踏勘，选取西昌市泸山风景区工作人员，采用面对面访谈、开放式提问的方法，了解灾后景区恢复情况、发展前景、对问卷的修改意见等。根据受访者意见对问卷进行调整与修改。

第二阶段：网络调研以"问卷星"为平台，通过QQ、微信、微博等转发填写获取数据。2020年10月1日至12月6日，共获取网络问卷316份，有效问卷240份，有效率73.62%。实地调研采用随机抽样法，以实际前往西昌市的中国籍游客作为调研对象，问卷发放地点包括泸山森林公园、邛海国家湿地公园、建昌古城等游客聚集区域。2020年10月4日至12月6日，共前往西昌调研3次，发放问卷319份，回收问卷264份，有效率82.76%。网络问卷和实地问卷共计635份，有效问卷504份，有效率79.37%。

三、数据处理

首先，运用264份实地问卷，揭示实际前往西昌的游客的火灾严重性、火灾

敏感性等的均值排序。其次，运用 264 份实地问卷，对风险敏感性人群类型进行
划分，并用判别分析检验聚类效果。再次，运用 264 份实地问卷，用列联表分析
揭示不同风险敏感性人群的主导人口学特征、火灾严重性以及火灾险情认知差
异。最后，运用 264 份实地问卷，用方差分析揭示不同风险敏感性人群对火灾发
生可能性的认知差异。

四、样本概况

总体样本中，男（46.2%）、女（53.4%）比例相对平衡；从年龄构成来看，
受访群体以 34 岁以下（79.3%）的年轻人为主，55 岁以上（3.2%）的老年游
客相对较少；从受教育程度来看，超过半数受访者（66.3%）获得了大学本科或
更高学历；从职业结构看，集中于全职工作（42.7%），其次为学生（36.6%）；
大部分游客（41.8%）表示不确定最近两年是否会推荐他人去西昌游玩，39.3%
的游客愿意推荐，18.1% 的游客不愿意推荐；调研对象中凉山州内游客
（22.4%）、四川省内游客（38.9%）与省外游客占比相对均衡（38.7%）（见表
5-2）。

表 5-2 人口学特征

	频数	百分比（%）		频数	百分比（%）
性别			常住地		
男	233	46.2	凉山州内	113	22.4
女	269	53.4	四川省内	196	38.9
N/A	2	0.4	四川省外	195	38.7
年龄			N/A	0	0.0
未满 18 岁	20	4.0	职业		
18~24 岁	221	43.8	全职工作	215	42.7
25~34 岁	159	31.5	兼职工作	19	3.8
35~44 岁	48	9.5	学生	185	36.6
45~54 岁	38	7.6	自主创业	39	7.7
55~64 岁	11	2.2	退休	11	2.2
65 岁及以上	5	1.0	待业	18	3.6
不回答	1	0.2	其他	15	3.0

	频数	百分比（%）		频数	百分比（%）
N/A	1	0.2	N/A	2	0.4
学历			推荐意愿		
中专、初中、小学	39	7.7	是	198	39.3
高中、职高	37	7.3	否	91	18.1
大专	85	16.9	不确定	211	41.8
本科	252	50.0	N/A	4	0.8
硕士及以上	82	16.3			
其他	8	1.6			
N/A	1	0.2			

第四节　研究结果

一、描述性统计分析

1. 森林火灾严重性

森林火灾严重性十二个题项均值较高（M=3.28），说明游客认同此次西昌森林火灾较为严重。经济损失巨大（M=3.99）、受灾人员众多（M=3.88）及难以扑灭和控制（M=3.72），受到超过60.0%的受访对象的认可，均值均超过3.5。特别重大的森林火灾、近年来火灾风险有所增加、这场森林火灾的负面影响将持续很多年、很难预防、这场火灾是随机事件、很难发现火灾的苗头的均值也在3以上，说明受访对象认同森林火灾具有突发、随机、不可预测、牵扯面广的特点。排名后三位的是很难降低发生概率（M=2.90）、我对灾情不太了解（M=2.64）、我本人受到了影响（M=2.28）。其中，仅28.7%的受访对象认为森林火灾"很难降低发生概率"，仅17.4%的游客对此次西昌森林火灾事件不太了解，59.0%的受访对象认为自己没有受到森林火灾的影响（见表5-3）。

表 5-3 火灾严重性均值排序

题项	频数（N）	均值（M）	标准差（D）	有效百分比（%）				
				1	2	3	4	5
经济损失巨大	264	3.99	0.979	1.5	7.2	17.4	38.3	35.6
受灾人员众多	262	3.88	1.069	3.1	8.4	20.2	34.4	34.0
难以扑灭和控制	262	3.72	1.157	5.0	11.5	20.6	32.8	30.2
特别重大的森林火灾	261	3.71	1.249	8.8	8.0	19.5	30.7	33.0
近年来火灾风险有所增加	261	3.48	0.998	3.4	13.0	29.5	40.2	13.8
这场森林火灾的负面影响将持续很多年	262	3.37	1.217	7.6	18.3	24.8	28.2	21.0
很难预防	262	3.21	1.207	8.4	22.1	26.0	26.7	16.8
这场火灾是随机事件	260	3.11	1.175	9.2	23.5	26.9	27.7	12.7
很难发现火灾的苗头	262	3.02	1.121	8.4	26.0	30.9	24.4	10.3
很难降低发生概率	262	2.90	1.055	8.0	29.4	34.0	21.4	7.3
我对灾情不太了解	264	2.64	1.069	17.4	23.5	41.7	12.1	5.3
我本人受到了影响	261	2.28	1.157	32.6	26.4	26.8	9.2	5.0

2. 森林火灾风险敏感性

森林火灾风险敏感性十个题项均值（M = 2.89）大于李克特 5 分制量表均值（M = 2.5），表明游客对森林火灾事件具有较高的敏感性。安全是我到西昌旅游考虑的首要因素（M = 3.54），森林火灾与旅游地安全与否无关（M = 3.33），在西昌和其他旅游地之间做选择时，我会去没有森林火灾风险的地方旅游（M = 3.21）三个题项位列前三。超过半数游客（55.7%）认为安全是到西昌旅游考虑的首要因素中，仅 22.8% 的受访者认为森林火灾与旅游地安全无关，表明安全因素是旅游决策中的关键因素，且森林火灾的发生会影响旅游地安全状况。森林火灾发生后，43.5% 的游客倾向于去没有森林火灾风险的地方旅游。森林火灾不会阻止我到西昌旅游（M = 2.64），目前的西昌非常安全（M = 2.38），西昌常发生森林火灾，所以我不愿意去那里（M = 2.30）等六个题项的均值小于 3。就"目前的西昌非常安全"而言，仅 13.4% 的游客选择"基本同意"或者"完全同意"；"西昌常发生森林火灾，所以我不愿意去那里"题项中，仅 14.5% 的游客表示赞同（见表 5-4）。

表 5-4　火灾风险敏感性均值排序

题项	频数（N）	均值（M）	标准差（D）	有效百分比（%）				
				1	2	3	4	5
安全是我到西昌旅游考虑的首要因素	264	3.54	1.211	8.7	9.5	26.0	30.7	25.0
森林火灾与旅游地安全与否无关	264	3.33	1.187	20.5	22.7	34.0	14.8	8.0
在西昌和其他旅游地之间做选择时，我会去没有森林火灾风险的地方旅游	262	3.21	1.200	9.2	19.8	28.0	27.5	16.0
我想去西昌，但关于这场火灾的新闻报道令我很担心	263	3.01	1.172	11.8	20.9	34.0	21.7	11.8
这场火灾对我是否到西昌旅游毫无影响	260	2.86	1.144	8.1	20.4	36.0	21.2	14.6
听说有人在西昌遭遇火灾，但这对我是否去西昌没影响	262	2.84	1.114	5.7	24.2	31.0	25.4	13.3
森林火灾风险完全消除我才会考虑去（再次去）西昌	262	2.75	1.127	15.6	27.1	29.0	23.3	5.0
森林火灾不会阻止我到西昌旅游	264	2.64	1.114	4.5	19.3	30.0	29.2	17.4
目前的西昌非常安全	261	2.38	1.051	3.4	10.0	31.0	33.0	23.0
西昌常发生森林火灾，所以我不愿意去那里	261	2.30	1.100	28.4	31.4	26.0	11.1	3.4

3. 火灾发生可能性

火灾发生可能性六个测试项均值（M=3.24）大于 2.5，说明大多数调研对象对于西昌市旅游景观火灾发生可能性评分较高。以 3.05 作为划分标准，将其按照高火灾风险景观（3.96≥M>3.05）、低火灾风险景观（3.05≥M≥2.38）分为两个分值段。火把节（M=3.96）、泸山森林公园（M=3.76）、彝族年（M=3.28）位列高火灾风险景观区并依次排名前三位。其中，火把节、泸山森林公园两项中均有超过 60.0%的受访对象选择了"较为可能"或"极其可能"的评价项。相较而言，建昌古城（M=3.03）与邛海国家湿地公园（M=2.38）两项的均值排名垫底。邛海国家湿地公园中，仅 11.8%的受访对象给出了"较为可能"或"极其可能"（见表 5-5）。

表 5-5　火灾发生可能性均值排序

题项	频数（N）	均值（M）	标准差（D）	有效百分比（%）					
				完全不可能	基本不可能	一般	较为可能	极其可能	不回答
火把节	264	3.96	1.086	3.0	7.6	17.8	29.9	38.6	3.0
泸山森林公园	264	3.76	1.012	1.1	12.9	18.9	40.2	24.6	2.3
彝族年	264	3.28	1.076	5.3	15.9	31.8	27.7	12.5	6.8
凉山彝族奴隶社会博物馆	264	3.05	1.038	4.9	24.6	34.8	20.8	9.1	5.7
建昌古城	264	3.03	0.981	5.7	21.6	34.5	26.5	4.5	7.2
邛海国家湿地公园	264	2.38	0.974	17.0	39.8	27.7	9.1	2.7	3.8

4. 火灾险情

火灾险情八个测试项均值（M = 2.93）大于 2.5，说明调研对象对火灾可能引发的险情有不同程度的担忧。火灾浓烟引发呼吸系统疾病（M = 3.30）、火灾导致封路（M = 3.23）、火灾导致空气污染（M = 3.10）与火灾浓烟导致交通事故（M = 3.03）的均值大于 3，表明火灾可能引发的次生灾害中，游客更担心火灾对健康、路况和环境造成的影响。西昌极可能再次发生森林火灾、火灾导致交通堵塞、媒体大幅报道西昌森林火灾相关新闻、西昌多次发生森林火灾，但火灾没有发生在我旅游的景点附近均值小于 3。火灾浓烟引发呼吸系统疾病的风险与火灾导致封路两项中，选择"取消行程"的占比最高，分别为 45.0% 和 42.7%；其余五项中，"推迟行程"占比最高，约为 40.0% 左右；如果森林火灾没有发生在游客的游览景点附近，超过半数游客（56.1%）的旅行计划基本不受影响（见表5-6）。

表 5-6　火灾险情均值排序

题项	频数（N）	均值（M）	标准差（D）	有效百分比（%）				
				毫无影响	缩短行程	推迟行程	取消行程	再也不去
火灾浓烟引发呼吸系统疾病的风险	260	3.30	0.976	5.8	14.2	29.6	45.0	5.4

续表

题项	频数（N）	均值（M）	标准差（D）	有效百分比（%）				
				毫无影响	缩短行程	推迟行程	取消行程	再也不去
火灾导致封路	262	3.23	0.909	6.5	11.1	37.8	42.7	1.9
火灾导致空气污染	261	3.10	0.908	7.3	14.2	39.8	38.3	0.4
火灾浓烟导致交通事故	264	3.03	0.891	6.4	17.0	44.7	30.3	1.5
西昌极可能再次发生森林火灾	255	2.89	1.034	12.9	17.6	40.4	25.9	3.1
火灾导致交通堵塞	263	2.83	0.914	11.8	15.2	51.7	20.5	0.8
媒体大幅报道西昌森林火灾相关新闻	261	2.70	1.035	16.1	22.2	38.7	21.1	1.9
西昌多次发生森林火灾，但火灾没有发生在我旅游的景点附近	262	2.36	1.098	27.1	29.0	26.3	15.6	1.9

二、聚类分析

1. 风险敏感性聚类

使用 R 型聚类对风险敏感度人群分类的先验数进行探索，聚类数分设为 3~5 类。距离度量为最远邻元素（Further Neighbor），度量距离标准为皮尔逊相关性（Pearson Correlation）。冰柱图和谱系图提示变量存在三个有效聚类，依次命名为无畏型、谨慎型和理性型（见表 5-7）。

表 5-7　R 型聚类结果

题项	类别	聚类名称
①森林火灾与旅游地安全与否无关；②目前的西昌非常安全；③这场火灾对我是否到西昌旅游毫无影响；④听说有人在西昌遭遇火灾，但这对我是否去西昌没影响；⑤森林火灾不会阻止我到西昌旅游	第一类	无畏型
①森林火灾风险完全消除我才会考虑去（再次去）西昌；②西昌常发生森林火灾，所以我不愿意去那里	第二类	谨慎型
①安全是我到西昌旅游考虑的首要因素；②在西昌和其他旅游地之间做选择时，我会去没有森林火灾的地方旅游；③我想去西昌，但关于这场火灾的新闻报道令我很担心	第三类	理性型

基于 R 型聚类分析结果，将 Q 型聚类数设为三类，并据此划分 264 个案例。其中，无畏型（n＝73 人）、谨慎型（n＝133 人）、理性型（n＝43 人），含缺失项 15 例（见表 5-8）。方差分析表明，类聚间有统计学上的显著差异（p<0.05）。

表 5-8　Q 型聚类结果

题项	无畏型 （n＝73 人）	谨慎型 （n＝133 人）	理性型 （n＝43 人）	F 值	Sig.
安全是我到西昌旅游考虑的首要因素	2.58	3.94	4.05	45.409	0.000
森林火灾风险完全消除我才会考虑去（再次去）西昌	2.48	3.12	2.09	19.343	0.000
在西昌和其他旅游地之间做选择时，我会去没有森林火灾的地方旅游	2.67	3.59	3.19	14.404	0.000
西昌常发生森林火灾，所以我不愿意去那里	2.21	2.44	1.95	3.555	0.003
我想去西昌，但关于这场火灾的新闻报道令我很担心	2.29	3.71	2.09	84.648	0.000
森林火灾与旅游地安全与否无关	3.75	3.17	3.14	6.486	0.002
目前的西昌非常安全	2.81	2.02	2.67	17.091	0.000
这场火灾对我是否到西昌旅游毫无影响	3.26	2.70	2.51	8.294	0.000
听说有人在西昌遭遇火灾，但这对我是否去西昌没影响	3.26	2.61	2.60	9.509	0.000
森林火灾不会阻止我到西昌旅游	3.04	2.36	2.60	9.724	0.000

2. 判别分析

为了检验聚类效果，采用判别分析计算十项火灾风险敏感度变量的标准化典则判别函数。结果表明，函数 1 的特征值为 1.584，能够解释 79.8% 的变异（卡方＝310.838）；函数 2 的特征值为 0.402，能够解释 20.2% 的变异（卡方＝81.589）。两个标准化典则判别函数均在 0.05 水平上显著，拒绝零假设，即认为函数能较好地将三个聚类区分开。其中，"我想去西昌，但关于这场火灾的新闻报道令我很担心"（系数＝0.795）是函数 1 的最强预测指标，而"安全是我到西昌旅游考虑的首要因素"（系数＝−0.811）是函数 2 的最强预测指标。判别模型分组准确率较高，249 个样本中 87.6% 被正确分类。其中，无畏型的正确分组率为 83.60%，谨慎型为 88.70%，理性型为 90.70%（见表 5-9、表 5-10、表 5-11）。

表 5-9 函数的显著性检验

函数	特征值	方差百分比（%）	典型相关性	Wilks' Lambda	卡方	df	Sig.
1	1.584	79.8	0.783	0.276	310.838	20	0.000
2	0.402	20.2	0.535	0.713	81.589	9	0.000

表 5-10 标准化典则判别函数系数

题项	函数 1	函数 2
安全是我到西昌旅游考虑的首要因素	0.266	-0.811
森林火灾风险完全消除我才会考虑去（再次去）西昌	0.245	0.490
在西昌和其他旅游地之间做选择时，我会去没有森林火灾的地方旅游	0.241	-0.281
西昌常发生森林火灾，所以我不愿意去那里	-0.077	0.004
我想去西昌，但关于这场火灾的新闻报道令我很担心	0.795	0.410
森林火灾与旅游地安全与否无关	-0.305	0.170
目前的西昌非常安全	-0.449	-0.241
这场火灾对我是否到西昌旅游毫无影响	-0.082	0.285
听说有人在西昌遭遇火灾，但这对我是否去西昌没影响	-0.118	0.167
森林火灾不会阻止我到西昌旅游	-0.278	-0.016

表 5-11 分类结果

类别		预测组成员			
		无畏型	谨慎型	理性型	总计
数量（个）	无畏型	61	5	7	73
	谨慎型	5	118	10	133
	理性型	1	3	39	43
百分比（%）	无畏型	83.60	6.80	9.60	100
	谨慎型	3.80	88.70	7.50	100
	理性型	2.30	7	90.70	100

注：正确地对 87.6% 个原始已分组个案进行了分类。

3. 方差分析

以火灾发生可能性为控制变量，采用单因素方差分析和多重比较考察不同组别的差异。方差齐时选择 LSD 进行检验，方差不具齐时用 Tamhane 进行检验。结果表明，3 类受访对象对泸山森林公园、火把节、彝族年的火灾发生可能性感知存在显著差异（Sig. <0.05）；对邛海国家湿地公园（M = 2.39 < 2.5）、建昌古城（M = 3.01）和凉山彝族奴隶社会博物馆（M = 3.05）发生火灾的可能性认知没有显著差异（Sig. >0.05），均认为邛海国家湿地公园基本不可能发生森林火灾。其中，B（M = 4.00）对泸山森林公园的评分明显高于 A（M = 3.28）、C（M = 3.66）；B（M = 4.11）对火把节的评分也高于 A（M = 3.56）、C（M = 3.93），表明谨慎型最有可能认为泸山森林公园和火把节容易发生火灾。A 与 C（Sig. = 0.039）、C 与 B（Sig. = 0.011）在彝族年的变量上存在显著差异，即无畏型（M = 3.44）和谨慎型（M = 3.40）的评分高于理性型（M = 3.00）。总体来看，火灾发生可能性评分从高到低依次为谨慎型 > 理性型 > 无畏型（见表5-12）。

表5-12 游客聚类与火灾发生可能性的方差分析

火灾发生可能性因子	方差齐性检验		游客类别	描述性统计		方差分析		多重比较				
	Levene统计量	Sig.		频数	均值（M）	F 值	Sig.	变量	LSD	Sig.	Tamhane	Sig.
邛海国家湿地公园	1.761	0.174	A	39	2.15	1.491	0.227	A−B	−0.31282	0.085	−0.31282	0.317
			B	120	2.47			A−C	−0.23365	0.225	−0.23365	0.568
			C	80	2.39			C−B	−0.07917	0.577	−0.07917	0.911
泸山森林公园	7.813	0.001	A	39	3.28	9.030	0.000	A−B	−0.718*	0.000	−0.718*	0.003
			B	123	4.00			A−C	−0.376*	0.046	−0.37649	0.233
			C	82	3.66			C−B	−0.341*	0.014	−0.341*	0.033
建昌古城	0.446	0.641	A	38	2.97	0.100	0.905	A−B	−0.07849	0.672	−0.07849	0.969
			B	115	3.05			A−C	−0.03914	0.842	−0.03914	0.996
			C	78	3.01			C−B	−0.03935	0.787	−0.03935	0.990
凉山彝族奴隶社会博物馆	0.649	0.523	A	39	3.05	0.114	0.892	A−B	0.03419	0.859	0.03419	0.997
			B	117	3.02			A−C	−0.03846	0.851	−0.03846	0.996
			C	78	3.09			C−B	0.07265	0.633	0.07265	0.953
火把节	6.827	0.001	A	39	3.56	3.745	0.025	A−B	−0.543*	0.007	−0.54334	0.077
			B	121	4.11			A−C	−0.36182	0.089	−0.36182	0.390
			C	81	3.93			C−B	−0.18151	0.246	−0.18151	0.532
彝族年	0.872	0.420	A	39	3.44	3.807	0.024	A−B	0.03419	0.862	0.03419	0.998
			B	117	3.40			A−C	0.436*	0.039	0.43590	0.154
			C	76	3.00			C−B	−0.402*	0.011	−0.402*	0.035

注：A、B、C 表示游客类型，其中：A 代表无畏型；B 代表谨慎型；C 代表理性型；* 表示在0.05水平（双侧）上显著相关。

火灾导致交通堵塞、火灾浓烟导致交通事故和火灾导致封路这3种火灾险情与聚类存在显著相关性，故采用列联表考察3种火灾险情下聚类差异化的旅游行为响应。总体上，火灾险情发生时，无畏型、谨慎型和理性型大多会选择推迟行程，尤以谨慎型做此选项的人数和比例最高。无畏型大多对火灾险情持无所畏惧的态度，故认为火灾导致交通堵塞（N＝15，P＝48.4%）和火灾浓烟导致交通事故（N＝8，P＝47.1%）对其旅游行为毫无影响的比例远高于谨慎型和理性型。火灾导致封路的情境下，无畏型和谨慎型认为毫无影响的人数和占比相同（N＝7，P＝41.2%），但无畏型推迟（N＝25，P＝26.9%）或取消行程（N＝24，P＝22.6%）的人数略多于缩短行程者（N＝17，P＝63.0%）。谨慎型对火灾险情非常敏感，故倾向于推迟或取消行程。火灾导致交通堵塞时，谨慎型推迟（N＝82，P＝63.1%）或取消行程（N＝28，P＝57.1%）的人数和比例最高。类似的情况还发生在火灾浓烟导致交通事故和火灾导致封路时。理性型对火灾险情有着较为客观理性的认知，故推迟或取消行程的人数和比例远低于谨慎型，略低于无畏型。但火灾导致封路发生时，理性型更倾向于取消行程（N＝22，P＝20.8%），而不是推迟或缩短行程（见表5-13）。

表5-13 游客类型与火灾险情的交叉分析

火灾险情	游客类型	毫无影响	缩短行程	推迟行程	取消行程	再也不去	卡方	Sig.
火灾导致交通堵塞	无畏型	15（48.4%）	17（47.2%）	**27（20.8%）**	11（22.4%）	2（100%）	25.023	0.001
	谨慎型	9（29.0%）	14（38.9%）	**82（63.1%）**	28（57.1%）	0（0.0%）		
	理性型	7（22.6%）	5（13.9%）	**21（16.2%）**	10（20.4%）	0（0.0%）		
火灾浓烟导致交通事故	无畏型	8（47.1%）	19（45.2%）	**28（25.5%）**	16（20.8%）	2（66.7%）	17.026	0.030
	谨慎型	5（29.4%）	17（40.5%）	**62（56.4%）**	49（63.6%）	0（0.0%）		
	理性型	4（23.5%）	6（14.3%）	**20（18.2%）**	12（15.6%）	1（33.3%）		

续表

火灾险情	游客类型	毫无影响	缩短行程	推迟行程	取消行程	再也不去	卡方	Sig.
火灾导致封路	无畏型	7 (41.2%)	**17** (63.0%)	**25** (26.9%)	**24** (22.6%)	0 (0.0%)	34.481	0.000
	谨慎型	7 (41.2%)	8 (29.6%)	**56** (60.2%)	**60** (56.6%)	1 (20.0%)		
	理性型	3 (17.6%)	2 (7.4%)	12 (12.9%)	**22** (20.8%)	4 (80.0%)		

第五节　本章小结

灾后风险感知研究是开展有效风险沟通的重要前提（魏书精等，2020；苏筠等，2009）。以西昌市森林火灾为研究案例，聚焦森林火灾风险敏感度聚类问题，揭示火灾发生可能性感知差异和火灾险情驱动下的不同旅游行为，取得如下认识和结论：

第一，描述性统计分析结果表明：多数游客认为此次森林火灾"经济损失巨大"（M = 3.99）、"受灾人员众多"（M = 3.88）；由于此次调研剔除了直接受灾群众即西昌本地居民，随着心理、地理距离的递减，公众的灾害风险认知也相应减弱，因此森林火灾对游客个人生活影响较小（尚志海，2018b）。游客对森林火灾风险敏感性评分较高（M = 2.89），认为森林火灾影响旅游地安全状况，倾向于更改旅游目的地，但不至于再也不来西昌。火把节（M = 3.96）和泸山森林公园（M = 3.76）分值最大，表明泸山由于森林密集，有可能再次发生森林火灾，火把节作为一个玩火的节日，也极有可能引发火灾。火灾险情中，火灾引发呼吸系统疾病（M = 3.30）、封路（M = 3.23）、空气污染（M = 3.10）与交通事故（M = 3.03）四种情境下，游客多选择"取消行程"或"推迟行程"，但如果火灾没有发生在游客游玩的景点附近，大部分游客的旅游计划则不会受影响，该结论不符合"涟漪效应"，与 Huang（2008）、Thapa（2013）等的研究结果存在差异。

第二，基于火灾风险敏感度，通过聚类分析，将游客类型划分为无畏型、谨慎型和理性型。用判别函数检验聚类效果，发现"我想去西昌，但关于这场火的新闻报道令我很担心"和"安全是我到西昌旅游考虑的首要因素"这两项是影响游客旅游决策的关键因素（郑向敏，2010；陈楠等，2009；邹永广、郑向敏，2014）。因此，判别函数进一步表明灾后旅游地的安全状况和媒体报道是影响游客旅游决策的决定性因素，证实了灾后风险沟通的重要性（邹永广、郑向敏，2014；郑向敏，2010）。三类游客在性别、年龄、学历、职业和推荐意愿上没有显著差异（p>0.05），均以18~24岁具有本科学历的学生为主导人群，且推荐意愿较强。无畏型、谨慎型和理性型大多认为此次西昌森林火灾较为严重，尤以谨慎型做此选项的人数和比例最高。其中，无畏型大多对此次西昌森林火灾严重性评分较低，谨慎型对火灾严重性评价最高，而理性型对火灾严重性有着较为客观理性的认知，故对火灾严重性评价较为中性。火灾导致"交通堵塞""交通事故"或"封路"时，无畏型、谨慎型和理性型大多会选择推迟行程，尤以谨慎型做此选项的人数和比例最高；不同人群对三种情景的森林火灾险情存在差异化的旅游行为响应，且灾害敏感性越高的游客，越有可能改变其旅游行为（Thapa et al.，2013；杨洋等，2011）。

第三，不同聚类游客对泸山森林公园、火把节、彝族年发生火灾的可能性感知存在显著差异（谨慎型>理性型>无畏型），均认为邛海国家湿地公园基本不可能发生森林火灾，但谨慎型最有可能认为泸山森林公园和火把节容易发生火灾。最后，西昌森林火灾险情发生时，无畏型、谨慎型和理性型大多会选择推迟行程，尤以谨慎型做此选项的人数和比例最高。不同人群对三种情景的森林火灾险情存在差异化的旅游行为响应，且灾害敏感度越高的游客，越有可能改变其旅游行为（Thapa et al.，2013；杨洋等，2011）。无畏型（29.3%）火灾风险敏感度最低，在面对特定火灾险情时最不可能改变出游行为；谨慎型（53.4%）火灾风险敏感度最高，更趋于规避风险；理性型（17.3%）火灾风险敏感度居中，倾向于在全面评估火灾风险的基础上做出旅行决策。

从风险沟通角度提出以下对策建议：①风险沟通须以公众为中心。管理者要转变公众意见是"主观的、非科学"的观念，重视旅游主体，以公众风险认知特征为依据，引导公众正确认识风险，做出正确的应对行为（余颖，2019；李敏等，2011a）。②政府发挥主导作用。从硬件（资金、设备、人员等）和软件设施（法律法规、预警机制等）两方面加强政府的风险沟通能力建设；通过客观理性公开风险信息，主动倾听公众心声等方式凸显其管理者角色（尚志海，2017）。③专家提供可信的风险信息。专家因其专业性和独立性，往往具有较高的可信性。因此，专家需要尽可能全面而客观地反映风险信息（张成岗，2013）。例如，针对西昌森林火灾让网友发出的"发生于无人区的森林大火，究竟是否该救？"的质疑，专家应及时普及放任森林火灾燃烧的严重后果，同时定期进行森林防火科普、宣传工作，纠正大众的错误认知和"价值错位"（魏玖长，2020）。④媒体发挥风险沟通中的桥梁作用。媒体是风险放大的中心，也是政府、专家与公众交流沟通的重要桥梁（吴艾凌等，2019）。地方政府和应急管理部门要在整合传统媒体与新媒体的基础上，开辟专门平台，客观、准确、主动地传达风险信息，及时纠正舆论的"事实偏差"，引导公众从发泄负面情绪转向理性思考问题（李洋，2021；尚志海，2017）。

综上所述，森林火灾险情驱动下的行为特征类似于洪水和暴风雨险情下的避险策略（Rosselló et al.，2020；李锋、孙根年，2007），区别于地震、海啸等对旅游行为的影响（苏全有、赵芳鋆，2007）。通过揭示森林火灾风险敏感度聚类特征及火灾发生可能性感知差异和火灾险情驱动下的不同旅游行为，有望为"人—灾"行为关系研究提供实证案例，特别是为不同风险敏感度人群制定差异化和针对性的舆情应对策略提供参考（白夜等，2020；尚志海，2018）。鉴于灾后媒体报道是影响火灾风险敏感度及旅游决策的重要方面（Thapa et al.，2013；陈奕、张晴，2012；吴艾凌等，2019），如何通过及时、有效的风险沟通，降低旅游风险感知、重塑旅游安全形象，是值得进一步研究的重要问题（陈楠等，2009；Armstrong and Ritchie，2008）。后续研究有必要进一步探讨森林火灾风险敏感度聚类人口学特征，特别是引入结构方程模型和自我民族志方法，揭示森林火灾对地方建构或重构的影响过程（Rex，2020）。

参考文献

［1］阿坝州文化体育和旅游局.2020 年 12 月全州旅游经济运行情况［EB/OL］.（2021－01－15）［2021－06－02］.http：//wtlj.abazhou.gov.cn/abzwhtylyj/c100015/202101/5f5e34796e9645b897d853308ec63504.shtml.

［2］敖孔华.加强我国森林防火能力建设的几点思考［J］.森林防火，2007（4）：10-11.

［3］白凯，马耀峰，李天顺.环境感知因素对旅华背包客旅游决策行为影响研究——以西安为例［J］.旅游学刊，2006，21（5）：48-52.

［4］白夜，王博，武英达，等.凉山州森林火灾形成的火环境研究［J］.林业资源管理，2020（5）：116-122+130.

［5］本刊综合.守护绿林青山"空中卫士"在行动［J］.中国应急管理，2020（4）：76-77.

［6］卜玉梅.风险的社会放大：框架与经验研究及启示［J］.学习与实践，2009（2）：120-125.

［7］蔡李晖.城市居民雾霾感知对日常游憩行为意愿的影响研究［D］.杭州：浙江工商大学，2017.

［8］蔡明航.Rosenberg 自尊量表题目的措辞效应［D］.济南：山东师范大学，2017.

［9］曹英楠，杨耀.机动车已成空气污染重要来源［J］.生态经济，2018，34（9）：10-13.

［10］柴彦威，塔娜.中国地理学的行为革命及其理论内涵［J］.地理研究，2024，43（9）：2259-2270.

［11］柴彦威，塔娜.中国行为地理学研究近期进展［J］.干旱区地理，

2011, 34 (1): 1-11.

[12] 柴彦威, 颜亚宁, 冈本耕平. 西方行为地理学的研究历程及最新进展 [J]. 人文地理, 2008, 23 (6): 1-6+59.

[13] 柴彦威, 周素红. "行为地理学理论与应用" 专辑序言 [J]. 地理研究, 2024, 43 (9): 2233-2234.

[14] 柴彦威. 行为地理学研究的方法论问题 [J]. 地域研究与开发, 2005, 24 (2): 1-5.

[15] 柴彦威. 行为地理学研究进展 [C] //中国地理学会 2003 年学术年会. 2003: 171-172.

[16] 陈超. 九寨沟县震后潜在泥石流危险性评价研究 [D]. 成都: 成都理工大学, 2019.

[17] 陈春, 陈勇, 于立, 等. 为健康城市而规划: 建成环境与老年人身体质量指数关系研究 [J]. 城市发展研究, 2017 (4): 7-13.

[18] 陈大杰, 赵顾涵, 郭玉琳, 等. "健康湖北" 建设后社会满意度分析 [J]. 医学与哲学 (A), 2017, 38 (2): 63-66.

[19] 陈华明, 周丽. 从汶川地震到九寨沟地震: 灾难新闻报道变化分析 [J]. 新闻界, 2017 (11): 35-38+57.

[20] 陈静媛. 健康城市规划理论与实践综合评述 [D]. 深圳: 深圳大学, 2017.

[21] 陈丽园. 环境风险沟通的议题建构与主体互动分析 [D]. 广州: 暨南大学, 2013.

[22] 陈柳钦. 健康城市建设及其发展趋势 [J]. 中国市场, 2010 (33): 50-63.

[23] 陈敏, 李振亮, 段林丰, 等. 成渝地区工业大气污染物排放的时空演化格局及关键驱动因素 [J]. 环境科学研究, 2022, 35 (4): 1072-1081.

[24] 陈明, 戴菲, 傅凡, 陆文婷. 大气颗粒物污染视角下的城市街区健康规划策略 [J]. 中国园林, 2019, 35 (6): 34-38.

[25] 陈楠, 乔光辉, 刘力. 出境游客的旅游风险感知及旅游偏好关联研究——以北京游客为例 [J]. 人文地理, 2009, 24 (6): 97-102.

[26] 陈琴, 周欣雨. 地理学与行为学的交叉研究 [J]. 重庆师范大学学报 (自然科学版), 2016, 33 (3): 150-155.

［27］陈婷，冯鑫媛，李春艳，等.2013-2018年冬季成都市9次大气重污染过程的天气形势及逆温特征［J］.兰州大学学报（自然科学版），2021，57（1）：82-91+98.

［28］陈曦，冯建喜.基于步行性与污染物暴露空间格局比较的建成环境健康效应——以南京为例［J］.地理科学进展，2019，38（2）：296-304.

［29］陈奕，张晴.论新闻报道中"偏离放大螺旋"效应及其规避——兼论从"彭宇案"到"小悦悦事件"［J］.新闻界，2012（9）：3-5.

［30］陈毅清，张俊香.游客体育旅游风险认知及应对行为的调查研究［J］.河北体育学院学报，2012，26（3）：38-43.

［31］陈钊娇，许亮文.国内外建设健康城市的实践与新进展［J］.卫生软科学，2013，27（4）：214-216.

［32］成都年鉴社.成都年鉴（2022）［R］.成都：地方志编纂委员会，2022.

［33］成都市统计局.2019年成都市国民经济和社会发展统计公报［R］.成都：成都统计局，2020.

［34］成都市卫生健康委员会.2020年成都市卫生健康事业发展统计公报［R］.成都：成都市卫生健康委员会，2021.

［35］程德年，周永博，魏向东，等.基于负面IPA的入境游客对华环境风险感知研究［J］.旅游学刊，2015，30（1）：54-62.

［36］程惠霞，丁刘泽隆.公民参与中的风险沟通研究：一个失败案例的教训［J］.中国行政管理，2015（2）：109-113.

［37］程佳，徐锡伟，甘卫军，等.青藏高原东南缘地震活动与地壳运动所反映的块体特征及其动力来源［J］.地球物理学报，2012，55（4）：1198-1212.

［38］程励，张同颢，付阳.城市居民雾霾天气认知及其对城市旅游目的地选择倾向的影响［J］.旅游学刊，2015，30（10）：37-47.

［39］丛丽，吴必虎，张玉钧，等.非资源消费型野生动物旅游风险感知研究：澳大利亚班布里海豚探索中心实证［J］.北京大学学报（自然科学版），2017，53（1）：179-188.

［40］崔鹏.九寨沟泥石流预测［J］.山地研究，1991，9（2）：88-92.

［41］戴小文，唐宏，朱琳.城市雾霾治理实证研究——以成都市为例［J］.财经科学，2016（2）：123-132.

［42］单新建，屈春燕，龚文瑜，等.2017年8月8日四川九寨沟7.0级地

震 InSAR 同震形变场及断层滑动分布反演 [J]. 地球物理学报，2017，60（12）：4527-4536.

[43] 邓贵平. 九寨沟世界自然遗产地旅游地学景观成因与保护研究 [D]. 成都：成都理工大学，2011.

[44] 邓起东，高翔，陈桂华，等. 青藏高原昆仑—汶川地震系列与巴颜喀拉断块的最新活动 [J]. 地学前缘，2010，17（5）：163-178.

[45] 董向慧. 舆情视角下的突发公共卫生事件风险沟通框架建构 [J]. 理论与改革，2020（4）：14-23.

[46] 董晓莉，张捷，吴必虎，等. 灾害事件对旅游地意象影响的研究——以九寨沟风景区为例 [J]. 地域研究与开发，2011，30（3）：102-107.

[47] 董颖钰. 大面积深度烧伤是危重中的危重 [N]. 健康时报，2020-04-01.

[48] 杜建华，宫殷婷，蒋丽伟. 中国森林火灾发生特征及其与主要气候因子的关系研究 [J]. 林业资源管理，2019（2）：7-14.

[49] 杜婷婷，王勤耕. 突发性环境污染事件风险管理中的公众参与研究 [J]. 四川环境，2011，30（1）：85-89.

[50] 冯齐友. 成都城市雾霾成因及其治理对策研究 [D]. 成都：成都理工大学，2017.

[51] 付国超，吕同艳，孙东霞，等. 2017 年 8 月 8 日四川九寨沟 7.0 级地震发震构造浅析 [J]. 地质力学学报，2017，23（6）：799-809.

[52] 傅华，李枫. 现代健康促进理论与实践 [M]. 上海：复旦大学出版社，2003.

[53] 甘露，刘燕，卢天玲. 汶川地震后入川游客的动机及对四川旅游受灾情况的感知研究 [J]. 旅游学刊，2010，25（1）：59-64.

[54] 甘薇薇，杨淑群，马振峰，等. 北太平洋海温异常对四川省春季林火的影响 [J]. 中国农学通报，2016（6）：132-138.

[55] 高雪. 媒介对市民雾霾风险感知的影响研究 [D]. 重庆：重庆大学，2019.

[56] 龚爱洁，刘幸怡，戴小文. 成都市雾霾成因及影响因素分析 [J]. 环境影响评价，2017，39（1）：93-96.

[57] 龚文娟. 环境风险沟通中的公众参与和系统信任 [J]. 社会学研究，

2016, 31 (3): 47-72.

[58] 苟婷, 唐勇, 何莉. 九寨沟景区震后目的地风险感知对出游行为意向影响测量 [J]. 云南地理环境研究, 2020, 32 (4): 26-31.

[59] 辜寄蓉, 范晓, 彭东. 九寨沟地质灾害预测的空间分析模型 [J]. 中国地质, 2002, 29 (1): 109-112.

[60] 谷虎. "8.8" 九寨沟地震核心景区崩塌地质灾害风险评价 [D]. 成都: 成都理工大学, 2019.

[61] 顾沈兵. 上海市建设健康城市行动评估研究 [D]. 上海: 复旦大学, 2009.

[62] 郭庆科, 韩丹, 王昭, 等. 人格测验中题目正反向陈述的效应 [J]. 心理学报, 2006, 38 (4): 626-632.

[63] 郭顺华. 新媒体时代地方政府公共沟通模式的变革 [D]. 厦门: 厦门大学, 2008.

[64] 郭湘闽, 王冬雪. 健康城市视角下加拿大慢行环境营建的解读 [J]. 国际城市规划, 2013 (5): 53-57.

[65] 郭洋洋, 高军. 不同学历游客群体旅游特色小镇评价差异研究——以济南市柳埠镇为例 [J]. 中国集体经济, 2020, 635 (15): 135-137.

[66] 国家卫生健康委员会. 全国健康城市评价指标体系 (2018 版) 政策解读 [J]. 医学信息学杂志, 2018 (4): 94.

[67] 海山. 行为地理学及其对中国地理学的意义 [J]. 人文地理, 1997, 12 (4): 51-53.

[68] 何莉, 唐勇, 苟婷. 雾霾风险感知对成都市健康城市形象的影响 [J]. 城市学刊, 2020, 41 (3): 63-68.

[69] 何诗, 阴劼. 认知地图的地理学研究进展与展望 [J]. 地理科学进展, 2022, 41 (1): 73-85.

[70] 何素艳. 基于风险认知与沟通的学校体育活动参与者雾霾应对行为研究 [D]. 太原: 山西大学, 2020.

[71] 何宇航, 裴向军, 梁靖, 等. 基于 Rockfall 的危岩体危险范围预测及风险评价——以九寨沟景区悬沟危岩体为例 [J]. 中国地质灾害与防治学报, 2020, 31 (4): 24-33.

[72] 胡佩雯, 周雪冬, 王蒙, 等. 天津与重庆大气污染物健康损失经济价

值评估及主导工业因素分析 [J]. 环境污染与防治, 2023, 45 (4): 569-576.

[73] 胡卸文, 金涛, 殷万清, 等. 西昌市经久乡森林火灾火烧区特点及火后泥石流易发性评价 [J]. 工程地质学报, 2020, 28 (4): 762-771.

[74] 华智亚. 风险沟通: 概念、演进与原则 [J]. 自然辩证法通讯, 2017, 39 (3): 97-103.

[75] 黄国武. 健康中国背景下我国健康城市发展研究 [J]. 西北大学学报 (哲学社会科学版), 2018, 48 (3): 74-82.

[76] 黄海, 石胜伟, 杨顺, 等. 2017 年 "8·8" 九寨沟地震对景区泥石流治理工程影响机制研究 [J]. 岩石力学与工程学报, 2020, 39 (9): 1773-1786.

[77] 黄秀蓉, 张印. 环境风险治理沟通机制: 现实困境与完善路径 [J]. 河北环境工程学院学报, 2020, 120 (2): 41-44.

[78] 黄钰琳. 山火为何频发? 教训如何吸取?——大数据解读西昌 "3.30" 森林火灾舆情 [J]. 中国应急管理, 2020 (5): 46-47.

[79] 贾红, 张俊辉, 李爱玲, 等. 健康城市建设满意度多水平模型评价 [J]. 中国公共卫生, 2012, 28 (4): 458-461.

[80] 贾建民, 李华强, 范春梅, 等. 汶川地震重灾区与非重灾区民众风险感知对比分析 [J]. 管理评论, 2008, 20 (12): 4-8+29+63.

[81] 蒋莹, 常春. 国内外健康城市建设实践 [J]. 中华预防医学杂志, 2012, 46 (8): 754-756.

[82] 焦华富, 韩会然. 中等城市居民购物行为时空决策过程及影响因素——以安徽省芜湖市为例 [J]. 地理学报, 2013, 68 (6): 750-761.

[83] 金立印. 服务保证对顾客满意预期及行为倾向的影响——风险感知与价值感知的媒介效应 [J]. 管理世界, 2007 (8): 104-115.

[84] 九寨沟景区官方网站. 九寨沟国庆中秋长假圆满收官, 出彩九寨实力圈粉 [EB/OL]. (2020-10-09) [2021-06-02]. https://www.jiuzhai.com/news/scenic-news/7315-2020-10-09-09-15-34.

[85] 九寨沟县政府办. 九寨沟县 2019 年国民经济和社会发展统计公报 [EB/OL]. (2020-05-13) [2021-06-02]. http://www.jzg.gov.cn/jzgrmzf/c100053/202005/9b079c56bf3240e18b4fd35c338a3b3d.shtml.

[86] 兰竹虹, 张士斌, 严予若. 社区人文社会环境对汶川地震移民社会适应的影响——以北川县为例 [J]. 人文地理, 2017, 32 (4): 22-29.

［87］朗格林，麦克马金．风险沟通：环境、安全和健康风险沟通指南［M］．北京：中国传媒大学出版社，2016.

［88］李锋，孙根年．旅游目的地灾害事件的影响机理研究［J］．灾害学，2007，22（3）：134-138.

［89］李锋．目的地旅游危机管理：机制、评估与控制［D］．西安：陕西师范大学，2008.

［90］李华，刘敏．黑色旅游与恐惧景观的关系探究［J］．旅游学刊，2021，36（12）：140-150.

［91］李华，刘敏．恐惧景观及其在旅游地理学中的应用综述［J］．热带地理，2022，42（4）：642-658.

［92］李华强．突发性灾害中的公众风险感知与应急管理［D］．成都：西南交通大学，2011.

［93］李静，Pearce P L，吴必虎，等．雾霾对来京旅游者风险感知及旅游体验的影响——基于结构方程模型的中外旅游者对比研究［J］．旅游学刊，2015，30（10）：48-59.

［94］李娟，陈蓉姝，李宁，等．江宁区居民对雾霾影响健康的风险感知状况调查［J］．江苏预防医学，2015，26（6）：118-119.

［95］李敏，张捷，董雪旺，等．目的地特殊自然灾害后游客的认知研究——以"5.12"汶川地震后的九寨沟为例［J］．地理学报，2011a，66（12）：1695-1706.

［96］李敏，张捷，罗浩，等．基于旅游动机的旅游业灾后恢复重建研究——以"5·12"汶川地震后的九寨沟为例［J］．旅游学刊，2012，27（1）：39-48.

［97］李敏，张捷，钟士恩，等．地震前后灾区旅游地国内游客旅游动机变化研究——以"5.12"汶川地震前后的九寨沟为例［J］．地理科学，2011b，31（12）：1533-1540.

［98］李艳，严艳，負欣．赴西藏旅游风险感知研究——基于风险放大效应理论模型［J］．地域研究与开发，2014，33（3）：97-101.

［99］李洋．地方政府应急管理部门舆情应对方略［J］．中国应急管理，2021（3）：66-67.

［100］李盈霞．公众对台风灾害的风险感知和应对行为研究［D］．成

都：西南交通大学，2015.

[101] 李颖．风险沟通视角下重大民生政策风险评估公众参与研究 [J]．重庆理工大学学报（社会科学版），2017，31（5）：53-58.

[102] 李渝生，黄超，易树健，等．九寨沟7.0级地震的地震断裂及震源破裂的构造动力学机理研究 [J]．工程地质学报，2014，25（4）：1141-1150.

[103] 李忠权，韩倩，芦建文，等．九寨沟地震发震区周边构造特征及发震断裂 [J]．成都理工大学学报（自然科学版），2018，45（6）：649-658.

[104] 李紫薇，邢云菲．新媒体环境下突发事件网络舆情话题演进规律研究——以新浪微博"九寨沟地震"话题为例 [J]．情报科学，2017，35（12）：39-44+167.

[105] 栗培真，向卫国，张小玲．成都静稳天气综合指数的构建及其应用 [J]．成都信息工程大学学报，2020，35（1）：87-95.

[106] 梁鸿，许非，王云竹，等．论健康城市与社会经济发展 [J]．中国卫生经济，2003，22（7）：8-9.

[107] 梁璐，代莉，田嘉申，等．情感地理学视角下纪念性恐惧景观地游客体验特征分析——以5·12汶川特大地震纪念馆为例 [J]．西北大学学报（自然科学版），2018，48（6）：884-892.

[108] 梁越．成都市健康城市形象公众感知评价 [J]．特区经济，2021（30）：64-67.

[109] 刘朝林．环境风险感知对政府信任的影响研究 [D]．成都：西南交通大学，2017.

[110] 刘大均，陈君子，朱爱琴．"8·8"九寨沟地震冲击下区域旅游经济联系的格局及影响因素 [J]．经济地理，2021，41（3）：223-230.

[111] 刘继恒，徐勇．健康城市建设评价方法研究与实践 [J]．公共卫生与预防医学，2018（3）：9-12.

[112] 刘世定，户雅琦，李贵才．经济社会学与行为地理学：亲和性与互补性 [J]．社会学评论，2018，6（5）：3-12.

[113] 刘泽照，李锦涛，单心怡．风险感知视域下苏北农村集中居住政策接受度研究 [J]．南京工程学院学报（社会科学版），2019，19（4）：24-29.

[114] 刘志林．蓬勃发展中的中国行为地理学研究团队清华大学时空行为与城市治理研究团队 [J]．人文地理，2022，37（6）：2.

［115］龙鑫，马耀峰．西安市城镇居民短期旅游行为特征及决策因素分析［J］．陕西师范大学学报（自然科学版），2008，36（5）：76-81．

［116］卢文刚．景区容量超载背景下的旅游突发事件应急管理研究——以"10·2"九寨沟游客滞留事件为例［J］．西南民族大学学报（人文社会科学版），2015，36（11）：138-143．

［117］芦慧，陈红，龙如银．雾霾围城：双通道视角下的感知对人才流动倾向的影响机制［J］．经济管理，2018，40（11）：104-124．

［118］陆全辉，王向强，曹赫，等．四川凉山州的森林火灾遥感监测研究［J］．地矿测绘，2020，36（4）：9-12．

［119］罗菊英，张仪，虞列辉．基于复杂地理环境条件下的恩施州空气污染时空分布特征［J］．环境保护科学，2018，44（4）：35-43．

［120］罗路广，裴向军，黄润秋．强震山区地震滑坡发生概率研究——以九寨沟国家地质公园为例［J］．岩石力学与工程学报，2020，39（10）：2079-2093．

［121］罗明义．旅游经济分析——理论、方法、案例［M］．昆明：云南大学出版社，2000．

［122］罗勇．生态文明视角下的中国健康城市建设［J］．辽宁大学学报（哲学社会科学版），2020，48（4）：34-38．

［123］吕书红，卢永．我国健康城市建设面临的机遇实施对策分析［J］．中国健康教育，2017，33（11）：1028-1031．

［124］马丽梅，张晓．中国雾霾污染的空间效应及经济、能源结构影响［J］．中国工业经济，2014（4）：19-31．

［125］马雪怡，马旭，刘敏．环境风险感知差异和风险沟通［J］．新闻论坛，2017（6）：80-85．

［126］马祖琦．健康城市与城市健康［M］．南京：南京东南大学出版社，2015．

［127］马祖琦．欧洲"健康城市"研究评述［J］．城市问题，2007（5）：2-95．

［128］毛宽，曾刚．基于健康城市视角的城市管治路径选择［J］．现代城市研究，2008（4）：20-26．

［129］毛群安，解瑞谦，李志朋，等．美国公共卫生应急风险沟通体系和机制介绍［J］．中国健康教育，2010，26（1）：3-6．

[130] 彭建，张松，罗诗呷，等. 北京居民对雾霾的感知及其旅游意愿和行为倾向研究 [J]. 世界地理研究，2016，25（6）：128-137.

[131] 彭涛，杨勉. 媒介使用对公众雾霾认知的影响研究——基于成都市的调查分析 [J]. 西华师范大学学报（哲学社会科学版），2020（6）：86-92.

[132] 祁秋寅，张捷，杨旸，等. 自然遗产地游客环境态度与环境行为倾向研究——以九寨沟为例 [J]. 旅游学刊，2009，4（11）：41-46.

[133] 钱莉莉，张捷，郑春晖，等. 基于集体记忆的震后北川老县城空间重构 [J]. 人文地理，2018，33（6）：53-61.

[134] 钱莉莉，张捷，郑春晖，等. 灾难地居民集体记忆、地方认同、地方保护意愿关系研究——以汶川地震北川老县城为例 [J]. 地理研究，2019，38（4）：988-1002.

[135] 邱五七，侯晓辉，Chu C. 风险沟通和公共卫生 [J]. 中国健康教育，2010，26（1）：26-29.

[136] 曲瑞. 九寨沟景区地学景观与地震地质灾害的风险分析 [D]. 成都理工大学，2019.

[137] 屈伟，刘熹，刘毅. 基于"SPIRIT"框架的成都健康城市建设实践与思考 [J]. 中国卫生事业管理，2020（1）：1-5.

[138] 全国爱卫办. 关于开展健康城市试点工作的通知（全爱卫办发〔2016〕4 号）[R]. 2016.

[139] 全国爱卫办. 关于全国健康城市评价结果的通报（全爱卫办函〔2019〕24 号）[R]. 2019.

[140] 任德智，肖前刚，王勇军，等. 基于 DEM 的成都市基本地貌形态研究 [J]. 四川林业科技，2018，39（2）：79-84.

[141] 任俊杰，徐锡伟，张世民，等. 东昆仑断裂带东端的构造转换与2017 年九寨沟 Ms7.0 地震孕震机制 [J]. 地球物理学报，2017，60（10）：4027-4045.

[142] 阮文佳，虞虎，宋学俊. 基于扩展计划行为理论的国际游客在雾霾威胁下的行为意向研究——以北京国际游客为例 [J]. 干旱区资源与环境，2019，33（7）：195-201.

[143] 阮文奇，李勇泉. 自然灾害型危机事件对客源地旅游需求的影响及空间差异——九寨沟地震后的时空异质性分析 [J]. 经济地理，2018，38（8）：

214-223.

[144] 尚志海，郭照华，李春红，等. 城市居民雾霾风险感知及可接受性比较研究——以广州和深圳市为例 [J]. 环境科学与管理，2020（7）：7-11.

[145] 尚志海. 基于人地关系的自然灾害风险形成机制分析 [J]. 灾害学，2018a，33（2）：5-9.

[146] 尚志海. 基于心理距离的灾害可接受风险研究 [J]. 灾害学，2018b，33（3）：12-16.

[147] 尚志海. 自然灾害风险沟通的研究现状与进展 [J]. 安全与环境工程，2017，24（6）：30-36.

[148] 邵冬梅. 我国目的地政府的旅游危机营销研究 [D]. 成都：电子科技大学，2007.

[149] 申悦，王德. 行为地理学理论与方法的跨学科应用研究 [J]. 地理科学进展，2022，41（1）：40-52.

[150] 施小明. 碳达峰碳中和背景下推进空气污染和气候变化与人群健康研究 [J]. 中华疾病控制杂志，2021，25（10）：1117-1119+1225.

[151] 四川地震局. 2017 年四川九寨沟 7.0 级地震 [M]. 成都：成都地图出版社，2018a.

[152] 四川地震局. 四川九寨沟 7.0 级地震应急工作图集 [M]. 成都：成都地图出版社，2018b.

[153] 四川省人民政府. "8·8"九寨沟县地震共造成 24 人死亡、493 人受伤 [EB/OL]（2017-08-12）[2021-06-02]. http：//www.sc.gov.cn/10462/10464/10797/2017/8/12/10430618.shtml.

[154] 四川省政府. 四川省人民政府关于印发"8·8"九寨沟地震灾后恢复重建总体规划的通知 [J]. 四川省人民政府公报，2017（22）：8-23.

[155] 苏飞，何超，黄建毅，等. 灾害风险感知研究现状及趋向 [J]. 灾害学，2016，31（3）：146-151.

[156] 苏全有，赵芳鹜. 试析突发性灾害对旅游业的影响 [J]. 防灾科技学院学报，2007（3）：5-8.

[157] 苏文龙. 九寨沟灾后重建与脱贫攻坚联动机制研究 [J]. 北京印刷学院学报，2021，29（3）：34-37+47.

[158] 苏筠，刘南江，林晓梅. 社会减灾能力信任及水灾风险感知的区域对

比——基于江西九江和宜春公众的调查 [J]. 长江流域资源与环境，2009，18（1）：92-96.

[159] 孙传旺，罗源，姚昕. 交通基础设施与城市空气污染——来自中国的经验证据 [J]. 经济研究，2019，54（8）：136-151.

[160] 孙峰华. 当代感应和行为地理学的人—环境理论—生态，环境学习，社会结构，互相作用和转换理论的作用 [J]. 人文地理，1994（3）：63-67.

[161] 孙姣姣. 新媒体环境下政府风险沟通机制研究 [D]. 广州：暨南大学，2011.

[162] 孙磊，齐文华，邓砚，等. 国外灾害行为研究：缘起、议题和发现 [J]. 华北地震科学，2018，36（3）：27-34.

[163] 孙香玉，肖彤. 雾霾健康风险感知与管理研究综述 [J]. 法制与社会，2018（17）：160-162.

[164] 孙滢悦. 长白山景区旅游安全风险评价与预警研究 [D]. 吉林：东北师范大学，2019.

[165] 孙中伟，闫堃，方学梅. 脆弱性与建构性：城市居民雾霾风险感知的形成机制——基于 2018 年上海市问卷调查的分析 [J]. 风险灾害危机研究，2018（2）：28-41

[166] 塔娜，柴彦威. 行为地理学的学科定位与前沿方向 [J]. 地理科学进展，2022，41（1）：1-15.

[167] 塔娜. 面向能力提升的行为地理学教学模式探索 [J]. 地理教学，2022（20）：56-59.

[168] 唐邦兴. 九寨沟风景区泥石流及其防治 [J]. 铁道工程学报，1986（4）：186-189.

[169] 唐承财，马蕾，宋昌耀. 雾霾天气影响北京入境旅游吗？——基于面板数据的实证检验 [J]. 干旱区资源与环境，2017，31（1）：192-197.

[170] 唐弘久，张捷. 旅游地居民对于"5·12"大地震集体记忆的信息建构特征——以九寨沟旅游地区为例 [J]. 长江流域资源与环境，2013，22（5）：669-677.

[171] 唐燕，梁思思，郭磊贤. 通向"健康城市"的邻里规划——《塑造邻里：为了地方健康和全球可持续性》引介 [J]. 国际城市规划，2014（6）：120-125.

［172］唐勇，王尧树，傅滢滢，等．地震纪念性景观对震区地方感建构的影响研究［M］．成都：四川大学出版社，2019：15.

［173］唐勇，向凌潇，钟美玲，等．汶川地震纪念地黑色旅游动机、游憩价值与重游意愿认知结构关系研究［J］．山地学报，2018，36（3）：422-431.

［174］唐勇，钟美玲，王尧树，等．汶川地震黑色旅游地社区居民地方感聚类研究［J］．旅游导刊，2020，4（6）：28-42.

［175］唐勇．后汶川地震时期地震遗产旅游综合集成发展模式研究［J］．灾害学，2014，29（1）：93-98.

［176］唐玉玲．危机后旅游者风险感知与风险降低研究［D］．大连：东北财经大学，2011.

［177］陶印华，柴彦威，杨婕．城市居民健康生活方式研究的时空行为视角［J］．人文地理，2021，36（1）：22-29.

［178］万基财，张捷，卢韶婧，等．九寨沟地方特质与旅游者地方依恋和环保行为倾向的关系［J］．地理科学进展，2014，33（3）：411-421.

［179］汪京强，郭茜雅，谢朝武．灾后旅游地环境风险对旅游吸引力要素的溢出效应——基于游客对九寨沟地震的感知视角［J］．华侨大学学报（哲学社会科学版），2021（1）：32-43.

［180］汪晓锋，向波，吴昊宇，等．九寨沟核心景区道路震后地质灾害发育及防治研究［J］．地质灾害与环境保护，2020，31（3）：34-42.

［181］王超群．环境抗争事件中的风险沟通与政府信任重建——以广东清源群体性事件为例［J］．贵州师范大学学报（社会科学版），2018（1）：37-43.

［182］王德，陈子浩．蓬勃发展中的中国行为地理学研究团队同济大学时空行为规划研究团队［J］．人文地理，2022，37（6）：193.

［183］王丰龙，刘云刚．行为主义政治地理学研究展望［J］．地理研究，2022，41（6）：1765-1777.

［184］王丰龙，王冬根，毛子丹．城市内部居住迁移对居民自评健康的影响研究——以北京市为例［J］．人文地理，2021，36（1）：30-38.

［185］王丰龙．行为地理学的学科特色与拓展路径［J］．地理科学进展，2022，41（1）：16-26.

［186］王锋．当代风险感知理论研究：流派、趋势与论争［J］．北京航空航天大学学报（社会科学版），2013，26（3）：18-24.

[187] 王刚，宋锴业．西方环境风险感知：研究进路、细分论域与学术反思 [J]．中国人口·资源与环境，2018，28（8）：169-176.

[188] 王金伟，段冰杰．Dark Tourism 学术研究：进展与展望 [J]．旅游科学，2021，35（5）：81-103.

[189] 王金伟，李冰洁．恐惧景观地旅游中的主客凝视行为研究——以北京朝内 81 号为例 [J]．旅游学刊，2021，36（5）：130-148.

[190] 王金伟，王国权，王欣，等．新冠肺炎疫情下公众焦虑心理对出游意愿的影响研究——旅游业恢复信心的中介作用 [J]．西南民族大学学报（人文社会科学版），2020，41（11）：220-227.

[191] 王金伟，谢伶，张赛茵．自然灾难地黑色旅游发展：居民感知与社区参与——以北川羌族自治县吉娜羌寨为例 [J]．旅游学刊，2020，35（11）：101-114.

[192] 王婧．风险管理中的公众参与问题研究 [J]．江西农业学报，2013，25（2）：147-151.

[193] 王俊鸿，董亮．灾害移民返迁意愿及影响因素研究——以汶川地震异地安置羌族移民为例 [J]．西南民族大学学报（人文社会科学版），2013，34（7）：8-14.

[194] 王珂，徐红罡，赵莹．季节性退休移民的日常行为与身心健康关系——候鸟老人的绿色空间暴露分析 [J]．人文地理，2021，36（1）：39-47+55.

[195] 王兰，蒋希冀．2019 年健康城市研究与实践热点回眸 [J]．科技导报，2020，38（3）：164-171.

[196] 王兰，孙文尧，吴莹．主观感知的城市环境对居民健康的影响研究——基于全国 60 个县市的大样本调查 [J]．人文地理，2020，35（2）：55-64.

[197] 王兰，赵晓菁，蒋希冀，唐健．颗粒物分布视角下的健康城市规划研究——理论框架与实证方法 [J]．城市规划，2016，40（9）：39-48.

[198] 王岚，张捷，曹靖，等．游客感知视角下的旅游地可进入性评价研究——以九寨沟风景区为例 [J]．人文地理，2012，25（2）：144-148.

[199] 王丽娟．居民环境风险接受度影响因素研究——基于武汉市盘龙城垃圾焚烧发电厂周边居民的调查 [D]．武汉：华中农业大学，2013.

［200］王文革，庞丽杰．卫星林火监测在尚志林区森林防火中的应用［J］．林业勘查设计，2020，49（4）：57-62．

［201］王小红，李佳伟，胡周莹，等．空气污染，气象影响有多大？——减污降碳背景下的成都市气象条件与大气污染相关性分析［J］．中国生态文明，2021（5）：86-89．

［202］王晓红，冯严超．雾霾污染对中国城市发展质量的影响［J］．中国人口·资源与环境，2019（8）：1-11．

［203］王晓楠，周林意．新媒体影响力对雾霾风险感知的作用机制［J］．北京理工大学学报（社会科学版），2020，22（2）：41-49．

［204］王晓楠．国外环境风险感知跨学科研究的知识谱系［J］．河海大学学报（哲学社会科学版），2020，22（1）：63-73．

［205］王毅，陈又麟，余业．九寨沟景区"8·8"震后崩塌灾害发育特征及影响因素［J］．科学技术与工程，2020，20（3）：1250-1255．

［206］王园园，周连，陈晓东，等．灰霾对人体健康影响研究进展［J］．江苏预防医学，2012，23（4）：37-39．

［207］王志一，徐素宁，王娜，等．高分辨率光学和 SAR 遥感影像在地震地质灾害调查中的应用——以九寨沟 M7.0 级地震为例［J］．中国地质灾害与防治学报，2018，29（5）：81-88．

［208］魏玖长．公众对突发公共卫生事件的风险感知演化与防护性行为的研究进展与展望［J］．中国科学基金，2020，34（6）：776-785．

［209］魏书精，罗斯生，罗碧珍，等．气候变化背景下森林火灾发生规律研究［J］．林业与环境科学，2020，36（2）：133-143．

［210］魏小安，曾博伟．汶川地震后中国旅游形势分析与判断［J］．旅游学刊，2008，23（8）：13-18．

［211］温秋月，卢东民，姜宝荣，等．我国城市健康城市指标体系的系统评价［J］．中国循证医学杂志，2018（6）：617-623．

［212］文彦君．城市中学生地震灾害感知研究——以陕西省宝鸡市石油中学为例［J］．灾害学，2010，25（4）：78-83．

［213］吴艾凌，吕兴洋，谭慧敏．灾后自媒体负面报道偏差对潜在旅游者到访意愿的影响——以九寨沟"8·8"地震为例［J］．旅游学刊，2019，34（4）：40-50．

［214］吴国清．国内外旅游风险感知研究述评［J］．社会科学家，2015（12）：83-87.

［215］吴文诩．九寨沟景区部分景观3月8日起恢复开放［N］．新华每日电讯，2018-03-08（9）．

［216］吴雅珍，李丹阳，张霖，等．气候变化对空气污染影响的模拟研究［J］．北京大学学报（自然科学版），2023，59（5）：854-870.

［217］夏少琼．冲击与延续——汶川大地震后灾难移民动因的思考［J］．西南民族大学学报（人文社会科学版），2014，35（10）：9-14.

［218］谢朝武，申世飞．旅游地环境风险对中国旅游突发事件的影响及其区域分布研究［J］．地理科学进展，2013，32（3）：455-464.

［219］谢剑峰．苏州建设健康城市涉及的领域和原则［J］．苏州医学，2002，25（2）：106-107.

［220］谢雨竹，潘月鹏，倪长健，等．成都市区夏季大气污染物浓度时空变化特征分析［J］．环境科学学报，2015，35（4）：975-983.

［221］谢祖军，郑勇，姚华建，等．2017年九寨沟Ms7.0地震震源性质及发震构造初步分析［J］．中国科学（地球科学），2018，48（1）：79-92.

［222］徐冬，黄震方，黄睿，等．中国中东部雾霾污染与入境旅游的时空动态关联分析［J］．自然资源学报，2019b，34（5）：1108-1120.

［223］徐冬，黄震方，黄睿．基于空间面板计量模型的雾霾对中国城市旅游流影响的空间效应［J］．地理学报，2019a，74（4）：814-830.

［224］徐戈，冯项楠，李宜威，等．雾霾感知风险与公众应对行为的实证分析［J］．管理科学学报，2017，20（9）：1-14.

［225］徐锡伟，陈桂华，王启欣，等．九寨沟地震发震断层属性及青藏高原东南缘现今应变状态讨论［J］．地球物理学报，2017，60（10）：4018-4026.

［226］许冲，王世元，徐锡伟，等．2017年8月8日四川省九寨沟MS7.0地震触发滑坡全景［J］．地震地质，2018，40（1）：232-260.

［227］许晖，许守任，王睿智．消费者旅游感知风险维度识别及差异分析［J］．旅游学刊，2013，28（12）：71-80.

［228］许静．社会化媒体对政府危机传播与风险沟通的机遇与挑战［J］．南京社会科学，2013（5）：98-104.

［229］许伟麟，柴彦威．移动性地理学视角下时空间行为研究创新［J］．地

理学报，2023，78（4）：1015-1027.

［230］许燕婷，冯建喜，陈曦．交通性体力活动与空气污染暴露交互作用下的健康综合效应评价——以南京市为例［J］．地理研究，2021，40（7）：1963-1977.

［231］薛熙明，封丹．变动中的家与地方：一个关联性的研究综述［J］．人文地理，2016，31（4）：9-16.

［232］杨华阳，许向宁，杨鸿发．基于证据权法的九寨沟地震滑坡危险性评价［J］．中国地质灾害与防治学报，2020，31（3）：20-29.

［233］杨洁，毕军，黄蕾，等．公众太湖蓝藻水华生态风险感知特征研究——以无锡市区为例［J］．长江流域资源与环境，2010，19（12）：1456-1461.

［234］杨军辉，赵永宏．雾霾天气对国内游客旅游意愿与行为影响研究——以西安为例［J］．人文地理，2019，34（6）：136-145.

［235］杨涛．健康城市道路网体系：理念与要领［J］．现代城市研究，2013（8）：89-94.

［236］杨洋，李蔚，李珊，等．严重自然灾害危机对旅游意愿的影响因素探析［J］．管理学季刊，2011，6（3）：90-105.

［237］杨雨雯，董叶文，刘雪鸣，等．健康城市视角下的城市中心区滨水空间：理论机制、科学证据、关键要素［J］．上海城市规划，2020（2）：57-63.

［238］叶波，袁芮，李恒，等．成都市"健康城市"环境空气质量评价体系建设［J］．四川解剖学杂志，2019，27（2）：153-156.

［239］叶莉，陈修谦．雾霾对我国入境旅游的影响：游客风险感知异质性视角［J］．广东财经大学学报，2020，35（4）：48-57.

［240］叶莉，陈修谦．雾霾污染对我国入境旅游的影响及其区域差异［J］．经济地理，2021，41（7）：213-221.

［241］叶欣梁．旅游地自然灾害风险评价研究［D］．上海：上海师范大学，2011.

［242］易桂喜，龙锋，梁明剑，等．2017年8月8日九寨沟M7.0地震及余震震源机制解与发震构造分析［J］．地球物理学报，2017，60（10）：4083-4097.

［243］于海宁，成刚，徐进，等．我国健康城市建设指标体系比较分析［J］．中国卫生政策研究，2012，5（12）：30-33.

［244］余敏江，梁莹．政府信任与公民参与意识内在关联的实证分析——以

南京市为例 [J]. 中国行政管理，2008（8）：121-125.

[245] 余颖. 风险信息、风险感知与旅游意愿 [D]. 合肥：中国科学技术大学，2019.

[246] 袁相波，胡本祥，刘建武. 区域视角下健康城市愿景调查分析 [J]. 卫生经济研究，2016（3）：13-16.

[247] 袁绪波. 上海居民出境旅游风险感知影响机理研究 [D]. 上海：上海师范大学，2015.

[248] 岳超，罗彩访，舒立福，等. 全球变化背景下野火研究进展 [J]. 生态学报，2020，40（2）：385-401.

[249] 张爱平，虞虎. 雾霾影响下旅京游客风险感知与不完全规避行为分析 [J]. 资源科学，2017，39（6）：1148-1159.

[250] 张超群，李倩薇. 九寨沟景区9月27日起试开放 [EB/OL]. 新华网，（2019-09-24）[2021-06-02]. http：//www. sc. xinhuanet. com/content/2019-09/24/c_ 1125033379. htm.

[251] 张超群，李倩薇. 游客眼中的九寨沟之"变" [EB/OL]. （2019-10-05）[2021-06-02]. http：//cnews. chinadaily. com. cn/a/201910/04/WS5d97f119a31099ab995e3add. html.

[252] 张晨，高峻，丁培毅. 雾霾天气对潜在海外游客来华意愿的影响——基于目的地形象和风险感知理论 [J]. 旅游学刊，2017，32（12）：58-67.

[253] 张成岗，黄晓伟. "后信任社会"视域下的风险治理研究嬗变及趋向 [J]. 自然辩证法通讯，2016，38（6）：14-21.

[254] 张成岗. 技术专家在风险社会中的角色及其限度 [J]. 南京师范大学学报（社会科学版），2013（5）：21-27.

[255] 张海燕，葛怡，李凤英，等. 环境风险感知的心理测量范式研究述评 [J]. 自然灾害学报，2010，19（1）：78-83.

[256] 张宏敏，付能强，余娟，等. 遗产型景区应如何应对危机事件浅析——以九寨沟"10.2"事件为例 [J]. 西南民族大学学报（自然科学版），2014，40（3）：478-480.

[257] 张捷，聂献忠，李升峰. 九寨沟自然保护区喀斯特研究的旅游业意义 [J]. 中国岩溶，1997，16（4）：106-112.

[258] 张彤. 凉山州大营农场突发山火浓烟飘进西昌城区，部分市民撤离

[N]．新京报，2020-03-31．

[259] 张文佳，鲁大铭．行为地理学的方法论与微观人地关系研究范式 [J]．地理科学进展，2022，41（1）：27-39．

[260] 张玥莹，乔雪，唐亚．成都 G20 会议期间大气污染特征及污染防治分析 [J]．生态环境学报，2018，27（8）：1472-1480．

[261] 赵岑，王晓峰，黄先超．有限理性视角下游客暴雨灾害风险感知评价——以南宫山景区为例 [J]．地域研究与开发，2018，37（1）：120-124．

[262] 赵莹，刘方宇．从实时定位、环境监测到神经生理：行为地理学技术发展前沿 [J]．地理科学进展，2022，41（12）：2370-2382．

[263] 郑春晖，张捷．自然灾难地居民风险知觉与旅游支持度的关系研究——以汶川大地震重灾区北川和都江堰为例 [J]．旅游导刊，2020，4（6）：43-58．

[264] 郑淑芳．国外风险感知研究理论回顾与述评 [J]．环球市场信息导报，2014（33）：112．

[265] 郑向敏．目的地旅游安全分析 [J]．创新，2010，4（2）：23-28．

[266] 中国地震台网中心．2017 年九寨沟 7.0 级地震总结 [M]．北京：地震出版社，2019．

[267] 周聪，王维佳，苗红妍．成都平原经济区空气污染扩散气象条件变化特征分析 [J]．成都信息工程大学学报，2021，36（4）：472-478．

[268] 周代华．凉山州森林火险与气候条件的相关性分析 [J]．森林防火，1986（1）：14-17．

[269] 周明浩，李延平，史祖民，等．卫生城市和健康城市 [J]．环境与健康杂志，2000，17（6）：377-380．

[270] 周向红，诸大建．现阶段我国健康城市建设的战略思考和路径设计 [J]．上海城市规划，2006（6）：12-15．

[271] 朱竑，刘博．地方感、地方依恋与地方认同等概念的辨析及研究启示 [J]．华南师范大学学报（自然科学版），2011（1）：1-8．

[272] 朱建华，张捷，刘法建，等．自然观光地旅游者的风险感知变化及差异分析——以九寨沟自然风景区为例 [J]．长江流域资源与环境，2013，22（6）：793-800．

[273] 邹永广，郑向敏．旅游目的地游客安全感形成机理实证研究 [J]．旅

游学刊, 2014, 29（3）：84-90.

［274］Absher J D, Vaske J J. Modelling public support for wildland fire policy ［M］//Reynolds K M, Thomson A J, Köhl M, et al. Sustainable forestry：From monitoring and modelling to knowledge management and policy science. Wallingford：CABI Publishing, 2007：159-170.

［275］Alderson W. Psychology for marketing and economics ［J］. Journal of Marketing, 1952, 17（2）：119-135.

［276］Amedeo D, Golledge R G. An introduction to scientific reasoning in geography ［J］. Geography, 1975, 61（4）：276.

［277］Argent N. Behavioral geography ［M］//Richardson D, Castree N, Goodchild M F, et al. International Encyclopedia of Geography：People, the Earth, Environment and Technology. Hoboken：Wiley-Blackwell, 2016：1-11.

［278］Armstrong E K, Ritchie B W. The heart recovery marketing campaign：Destination recovery after a major bushfire in Australia's national capital ［J］. Journal of Travel & Tourism Marketing, 2008, 23（1）：175-189.

［279］Barker R. Ecological psychology：Concepts and methods for studying the environment of behavior ［M］. Redwood City：CalifStanford University Press, 1968.

［280］Bauer R A. Consumer behavior as risk taking. in risk taking and information handling inconsumer behavior ［D］. Boston：Harvard University Press, 1960.

［281］Becken S, Jin X, Zhang C, et al. Urban air pollution in China：Destination image and risk perceptions ［J］. Journal of Sustainable Tourism, 2016, 25（1）：130-147.

［282］Becker S O, Ferrara A. Consequences of forced migration：A survey of recent findings ［J］. Labour Economics, 2019, 59：1-16.

［283］Berchin I I, Valduga I B, Garcia J, et al. Climate change and forced migrations：An effort towards recognizing climate refugees ［J］. Geoforum, 2017, 84：147-150.

［284］Berry B J, Garrison W L. Recent developments of central place theory ［J］. Papers in Regional Science, 1958a, 4（1）：107-120.

［285］Berry B J, Garrison W L. The functional bases of the central place hierarchy ［J］. Economic Geography, 1958b, 34（2）：145-154.

[286] Biran A, Liu W, Li G, et al. Consuming post-disaster destinations: The case of Sichuan, China [J]. Annals of Tourism Research, 2014, 47: 1-17.

[287] Bird D K, Gisladottir G, Dominey-Howes D. Volcanic risk and tourism in southern Iceland: Implications for hazard, risk and emergency response education and training [J]. Journal of Volcanology and Geothermal Research, 2010, 189: 33-48.

[288] Björk P, Kauppinen-Räisänen H. The impact of perceived risk on information search: A study of Finnish tourists [J]. Scandinavian Journal of Hospitality and Tourism, 2011, 11 (3): 306-323.

[289] Black R, Arnell N W, Adger W N, et al. Migration, immobility and displacement outcomes following extreme events [J]. Environmental Science & Policy, 2013, 27 (S1): S32-S43.

[290] Boboc C, Vasile V, Todose D. Vulnerabilities associated to migration trajectories from Romania to EU countries [J]. Procedia-Social and Behavioral Sciences, 2012, 62: 352-359.

[291] Bonaiuto M, Alves S, De dominicis S, et al. Place attachment and natural hazard risk: Research review and agenda [J]. Journal of Environmental Psychology, 2016, 48: 33-53.

[292] Bonnemaison J. Culture and space: Conceiving a new cultural geography [M]. London: Bloomsbury Publishing, 2005.

[293] Bontempo R N, Bottom W P, Weber E U. Cross-cultural differences in risk perception: A model-based approach [J]. Risk Analysis, 1997, 17 (4): 479-488.

[294] Borrie W, McCool S, Whitmore J. Wildland fire effects on visits and visitors to the bob marshall wilderness complex [J]. International Journal of Wilderness, 2006, 12 (1): 32-35.

[295] Brambor T, Clark W R, Golder M. Understanding interaction models: Improving empirical analyses [J]. Political Analysis, 2006, 14 (1): 63-82.

[296] Brown G, Raymond C. The relationship between place attachment and landscape values: Toward mapping place attachment [J]. Applied Geography, 2007, 27 (2): 89-111.

[297] Brown L A, Moore E G. The intra-urban migration process: A perspective

[J]. Geografiska Annaler: Series B, Human Geography, 1970, 52 (1): 1-13.

[298] Bunge W. Theoretical geography [M]. Sweden: C. W. K. Gleerup, 1962.

[299] Burton I. The quantitative revolution and theoretical geography 1 [J]. Canadian Geographer/Le Géographe Canadien, 1963, 7 (4): 151-162.

[300] Caquard S. Cartography Ⅲ: A post-representational perspective on cognitive cartography [J]. Progress in Human Geography, 2015, 39 (2): 225-235.

[301] Carr N. An exploratory study of gendered differences in young tourists perception of danger within London [J]. Tourism Management, 2001, 22 (5): 565-570.

[302] Chai Y, Ta N, Ma J. The socio-spatial dimension of behavior analysis: Frontiers and progress in Chinese behavioral geography [J]. Journal of Geographical Sciences, 2016, 26: 1243-1260.

[303] Chalmers D J. Verbal disputes [J]. Philosophical Review, 2011, 120 (4): 515-566.

[304] Chandler J. How safe are our airports? [J]. Travel and Leisure, 1991, 21 (5): 94-100.

[305] Chorley R, Haggett P. Integrated models in geography (Routledge Revivals) [M]. London: Routledge, 2013.

[306] Chumky T, Basu M, Onitsuka K, et al. The current research landscape of disaster-induced migration: A systematic review and bibliometric analysis [J]. International Journal of Disaster Risk Reduction, 2022, 74: 102931.

[307] Cioccio L, Michael E J. Hazardor disaster: Tourism management for the inevitable in northeast victoria [J]. Tourism Management, 2007, 28 (1): 1-11.

[308] Coppock J T. Tourism and conservation [J]. Tourism Management, 1982, 3 (4): 270-276.

[309] Corbett M. I'm going to make sure I'm ready before I leave: The complexity of educational and mobility decision-making in a Canadian coastal community [J]. Journal of Rural Studies, 2013, 32: 275-282.

[310] Couclelis H, Golledge R G, Gale N, et al. Exploring the anchor-point hypothesis of spatial cognition [J]. Journal of Environmental Psychology, 1987, 7 (2): 99-122.

[311] Cox K R, Golledge R. Behavioral problems in geography revisited

［M］. London: Routledge, 2015.

［312］ Crang M. Cultural geography ［M］. London: Routledge, 2013.

［313］ Crompton J L. An assessment of the image of Mexico as a vacation destination and the influence of geographical location upon that image ［J］. Journal of Travel Research, 1979, 17 (4): 18-23.

［314］ De backer M. Between place and territory: Young people's emotional geographies of security and insecurity in Brussels' deprived areas ［J］. Emotion, Space and Society, 2022, 45: 100911.

［315］ De dominicis S, Fornara F, Cancellieri U G, et al. We are at risk, and so what? Place attachment, environmental risk perceptions and preventive coping behaviours ［J］. Journal of Environmental Psychology, 2015, 43: 66-78.

［316］ Devine-wright P, Howes Y. Disruption to place attachment and the protection of restorative environments: A wind energy case study ［J］. Journal of Environmental Psychology, 2010, 30 (3): 271-280.

［317］ Domingues R B, De jesus S N, Ferreira O. Place attachment, risk perception, and preparedness in a population exposed to coastal hazards: A case study in faro beach, southern portugal ［J］. International Journal of Disaster Risk Reduction, 2021, 60: 102-288.

［318］ Downs R M. The cognitive structure of an urban shopping center ［J］. Environment and Behavior, 1970, 2 (1): 13-39.

［319］ Edwards P. Out of the ashes ［N］. The Age, Melbourne, 2003-02-16.

［320］ Eitzingera C, Wiedemann P. Risk perceptions in the alpine tourist destination tyrol: An exploratory analysis of residents' views ［J］. Tourism Management, 2007, 28: 911-916.

［321］ Englander D. What you need to know to fly safely now ［J］. Money, 1991, 29 (3): 156.

［322］ Faisal A, Albrecht J N, Coetzee W J L. (Re) Creating spaces for tourism: Spatial effects of the 2010/2011 Christchurch earthquakes ［J］. Tourism Management, 2020, 80: 102-104.

［323］ Faulkner B. Towards a framework for tourism disaster management ［J］. Tourism Management, 2001, 22 (2): 135-147.

［324］ Fischer K. Central places: The theories of von Thünen, Christaller, and Lösch ［J］. Foundations of Location Analysis, 2011, 155: 471-505.

［325］ Floyd M F, Gibson H, Pennington G L, et al. The effect of risk perceptions on intentions to travel in the aftermath of September 11, 2001 ［J］. Journal of Travel & Tourism Marketing, 2004, 15 (2-3): 19-38.

［326］ Foote K E. Shadowed ground: America's landscapes of violence and tragedy (2nd ed) ［M］. Austin: University of Texas Press, 2003: 82.

［327］ Forster J, Schuhmann P W, Lake I R, et al. The influence of hurricane risk on tourist destination choice in the caribbean ［J］. Climate Change, 2012, 114: 745-768.

［328］ Fuchs G, Reichel A. An exploratory inquiry into destination risk perceptions and risk reduction strategies of first time vs. repeat visitors to a highly volatile destination ［J］. Tourism Management, 2011, 32 (2): 266-276.

［329］ Gaillard J C. Alternative paradigms of volcanic risk perception: The case of Mt. pinatubo in the philippines ［J］. Journal of Volcanology & Geothermal Research, 2008, 172 (3-4): 315-328.

［330］ George R. Visitor perceptions of crime - safety and attitudes towards risk: The case of table mountain national park, Cape town ［J］. Tourism Management, 2010, 31 (6): 806-815.

［331］ Georges H. La géographie psychologique［M］. Paris, NRF, Gallimard, 1939.

［332］ Gibson E J. Principles of perceptual learning and development ［M］. New York: Appleton-Century-Crofts, 1969.

［333］ Gibson H, Yiannakis A. Tourist roles: Needs and the adult life course ［J］. Annals of Tourism Research, 2002, 29 (2): 358-383.

［334］ Gibson J J. The senses considered as perceptual systems ［M］. Bos-ton: In Houghton Mifflin, 1966.

［335］ Giddens A. Time, space and regionalisation ［J］. Social Relations and Spatial Structures, 1985: 265-295.

［336］ Gold J R. An introduction to behavioural geography ［M］. New York: Oxford University Press, 1980.

［337］ Gold J R. Behavioral geography ［M］ //Kobayashi international encyclopedia of human geography, Oxford: Elsevier (In Press), 2019: 282-293.

［338］Golledge R G, Rushton G, Clark W. Some spatial characteristics of Iowa's dispersed farm population and their implications for the grouping of central place functions ［J］. Economic Geography, 1996, 42 (3): 261-272.

［339］Golledge R G. Behavioral geography and the theoretical/quantitative revolution ［J］. Geographical Analysis, 2008, 40 (3): 239-257.

［340］Golledge R G. Wayfinding behavior: Cognitive mapping and other spatial processes ［M］. London: JHU Press, 1999.

［341］Golledge R, Stimpson R. Spatial behavior: A geographic perspective ［J］. Guilford Press, 1997: 40-92.

［342］Goodchild M F. Geographical information science ［J］. International Journal of Geographical Information Systems, 1992, 6 (1): 31-45.

［343］Goodrich J N. September 11, 2001 attack on America: A record of the immediate impacts and reactions in the USA travel and tourism industry ［J］. Tourism Management, 2002, 23 (6): 573-580.

［344］Gould P R, White R R. The mental maps of British school leavers ［J］. Regional Studies, 1968, 2 (2): 161-182.

［345］Gould P R. Man against his environment: A game theoretic framework ［J］. Annals of the Association of American Geographers, 1963, 53 (3): 290-297.

［346］Gray J M, Wilson M A. The relative risk perception of travel hazards ［J］. Environment and Behavior, 2009, 41 (2): 185-204.

［347］Gunn C A, Taylor G D. Book review: Vacationscape: Designing tourist regions ［J］. Journal of Travel Research, 1973, 11 (3): 24.

［348］Gupta S, Zeithaml V. Customer metrics and their impact on financial performance ［J］. Marketing Science, 2006, 25 (6): 718-739.

［349］Haggett P. Locational analysis in human geography ［M］. New York: St. Martin's Press, 1965.

［350］Hamilton F I. Socio-Economic Models in Geography (Routledge Revivals) ［M］. London: Routledge, 2013.

［351］Hannon B. Sense of place: Geographic discounting by people, animals and plants ［J］. Ecological Economics, 1994, 10 (2): 157-174.

［352］Harvey, D. Explanation in geography ［M］. London: Edward Arnold, 1969.

［353］Heinrich K. Fires burn a MYM20m hole in tourism ［N］. The Age, Melbourne, 2003-04-11.

［354］Hernández B, Hidalgo M C, Salazar-laplace M E, et al. Place attachment and place identity in natives and non-natives ［J］. Journal of Environmental Psychology, 2007, 27（4）: 310-319.

［355］Hidalgo M C, Hernández B. Place attachment: Conceptual and empirical questions ［J］. Journal of Environmental Psychology, 2001, 21（3）: 273-281.

［356］Holloway S L, Valentine G. Children's geographies: Playing, living, learning ［M］. London: Routledge, 2004.

［357］Hsu T K, Tsai Y F, Wu H H. The preference analysis for tourist choice of destination: A case study of Taiwan ［J］. Tourism Management, 2009, 30（2）: 288-297.

［358］Huang J H, Chuang S T, Lin Y R. Folk religion and tourist intention: Avoiding tsunami-affected destinations ［J］. Annals of Tourism Research, 2008, 35（4）: 1074-1078.

［359］Hystad P W, Keller P C. Towards a destination tourism disaster management framework: Long term lessons from a forest fire disaster ［J］. Tourism Management, 2008, 29（1）: 151-162.

［360］Isard W, Smith T E. Location games: With applications to classic location problems ［J］. Papers in Regional Science, 1967, 19（1）: 45-80.

［361］Isard W. Location and space economy ［M］. Cambridge: MIT Press, 1956.

［362］Janowicz K, Gao S, mckenzie G, et al. GeoAI: Spatially explicit artificial intelligence techniques for geographic knowledge discovery and beyond ［J］. International Journal of Geographical Information Science, 2020, 34（4）: 625-636.

［363］Jenkins M J, Runyon J B, Fettig C J, et al. Interactions among the mountain pine beetle, fires, and fuels ［J］. Forest, 2014, 60（3）: 489-501.

［364］John W D, Chris J, Neher, et al. Effects of wildfire on national park visitation and the regional economy: A natural experiment in the northern rockies ［J］. International Journal of Wildland Fire, 2013, 22（8）: 24-37.

［365］Jorgensen B S, Stedman R C. A comparative analysis of predictors of sense of place dimensions: Attachment to, dependence on, and identification with lakeshore properties [J]. Journal of Environmental Management, 2006, 79 (3): 316-327.

[366] Kasperson R E, Dow K. Hazard perception and geography [J]. In Advances in psychology, 1993, 96: 193-222.

[367] Kates R W. Human perception of the environment [J]. International Social Science Journal, 1970, 22 (4): 648-660.

[368] Kellens W, Zaalberg R, De Maeyer D. The informed society: An analysis of the public's information-seeking behavior regarding coastal flood risks [J]. Risk Analysis, 2012, 32 (8): 1369-1381.

[369] King L J. Statistical analysis in geography [M]. Hoboken: Prentice Hall, 1969.

[370] Kirk W, Lösch A, Berlin I. Problems of geography [J]. Geography, 1963, 48 (4): 357-371.

[371] Kozak M, Crotts J C, Law R. The impact of the perception of risk on international travellers [J]. International Journal of Tourism Research, 2007, 9 (4): 233-242.

[372] Krantz D, Luce D, Suppes P et al. Foundations of measurement, Vol. I: Additive and polynomial representations [M]. Cambridge: Academic Press, 1971.

[373] Kwan M P, Ding G X. Geo-narrative: Extending geographic information systems for narrative analysis in qualitative and mixed-method research [J]. The Professional Geographer, 2008, 60 (4): 443-465.

[374] Laver S M, Wetzels J, Behrens R H. Knowledge of malaria, risk perception, and compliance with prophylaxis and personal and environmental preventive measures in travelers exiting zimbabwe from harare and victoria falls international airport [J]. Journal of Travel Medicine, 2001, 8 (6): 298-303.

[375] Legendre P. Spatial autocorrelation: Trouble or new paradigm? [J]. Ecology, 1993, 74 (6): 1659-1673.

[376] Lepp A, Gibson H, Lane C. Image and perceived risk: A study of Uganda and its official tourism website [J]. Tourism Management, 2011, 32: 675-684.

[377] Lepp A, Gibson H. Sensation seeking and tourism: Tourist role, perception of risk and destination choice [J]. Tourism Management, 2008, 29 (4): 740-750.

[378] Leviston Z, Dandy J, Horwitz P, et al. Anticipating environmental

losses: Effects on place attachment and intentions to move [J]. Journal of Migration and Health, 2023, 7: 100152.

[379] Lewicka M. Place attachment: How far have we come in the last 40 years? [J]. Journal of Environmental Psychology, 2011, 31 (3): 207-230.

[380] Lewicka M. What makes neighborhood different from home and city? Effects of place scale on place attachment [J]. Journal of Environmental Psychology, 2010, 30 (1): 35-51.

[381] Li F X, Wen J, Ying T Y. The influence of crisis on tourists' perceived destination image and revisit intention: An exploratory study of Chinese tourists to North Korea [J]. Journal of Destination Marketing & Management, 2018, 9: 104-111.

[382] Li J, Nguyen T H H, Coca-Stefaniak J A. Coronavirus impacts on post-pandemic planned travel behavior [J]. Annals of Tourism Research, 2021, 86: 1-5.

[383] Liben L S. Spatial representation and behavior: Multiple perspectives [J]. Spatial Representation and Behavior Across the Life Span: Theory and Application, 1981, 79: 3-32.

[384] Lindell M K, Perry R W. The protective action decision model: Theoretical modifications and additional evidence [J]. Risk Analysis, 2012, 32 (4): 616-632.

[385] Liu Y Z. Decisions to leave home: An examination of rural married women's labour migration in contemporary China [J]. Women's Studies International Forum, 2012, 35 (5): 305-313.

[386] Lowenthal D. Geography, experience, and imagination: Towards a geographical epistemology [J]. Annals of the Association of American Geographers, 1961, 51 (3): 241-260.

[387] Lowenthal D. Past time, present place: Landscape and memory [J]. Geographical Review, 975, 65 (1): 1-36.

[388] Lynch K. The image of the city [M]. Cambridge: MIT Press, 1964.

[389] Ma Z X, Guo S L, Deng X, et al. Place attachment, community trust, and farmer's community participation: Evidence from the hardest-hit areas of Sichuan, China [J]. International Journal of Disaster Risk Reduction, 2022, 73: 102892.

[390] Mallick B, Sultana Z, Bennett C M. How do sustainable livelihoods influence environmental (non-) migration aspirations? [J]. Applied Geography, 2020, 124:

102-328.

［391］ Manzo L C. Beyond house and haven: Toward a revisioning of emotional relationships with places ［J］. Journal of Environmental Psychology, 2003, 23 (1): 47-61.

［392］ Mcandrew F T. The measurement of "rootedness" and the prediction of attachment to home-towns in college students ［J］. Journal of Environmental Psychology, 1998, 18 (4): 409-417.

［393］ Meade M S, Emch M. Medical geography ［M］. New York: Guilford Press, 2010.

［394］ Méheux K, Parker E. Tourist sector perceptions of natural hazards in Vanuatu and the implications for a small island developing state ［J］. Tourism Management, 2006, 27: 69-85.

［395］ Meisels M, Guardo C J. Development of personal space schemata ［J］. Child Development, 1969, 40 (4): 1167-1178.

［396］ Miller G, Ritchie B. A farming crisis or a tourism disaster? An analysis of the foot and mouth disease in the UK ［J］. Current Issues in Tourism, 2003, 6 (2): 150-171.

［397］ Milligan C, Wiles J. Landscapes of care ［J］. Progress in Human Geography, 2010, 34 (6): 736-754.

［398］ Ministerial. Taskforce on bushfire recovery ［N］. Final report. Melbourne: State Government of Victoria, 2003-12-07.

［399］ Mitchell A A, Olson J. Are product attribute beliefs the only mediator of advertising effects on brand attitude? ［J］. Journal of Marketing Research, 1981, 18 (4): 318-332.

［400］ Mitchell K. Transnational discourse: Bringing geography back in ［J］. Antipode, 1997, 29 (2): 101-114.

［401］ Mitchell V W. Consumer perceived risk: Conceptualizations and models ［J］. European Journal of Marketing, 1999, 33 (1/2): 163-195.

［402］ Montello D R. 11 A new framework for understanding the acquisition of spatial knowledge in large-scale environments ［J］. Spatial and Temporal Reasoning in Geographic Information Systems, 1998: 143-154.

［403］ Montello D R. Cognitive research in giscience: Recent achievements and future prospects ［J］. Geography Compass, 2009, 3 (5): 1824-1840.

［404］ Montello D R. Handbook of behavioral and cognitive geography ［M］. Cheltenham: Edward Elgar Publishing, 2018.

［405］ Moutinho L. Consumer behaviour in tourism ［J］. European Journal of Marketing, 1987, 21 (10): 5-44.

［406］ Muir J A, Cope M R, Angeningsih L R, et al. To move home or move on? Investigating the impact of recovery aid on migration status as a potential tool for disaster risk reduction in the aftermath of volcanic eruptions in Merapi, Indonesia ［J］. International Journal of Disaster Risk Reduction, 2020, 46: 101478.

［407］ Mura P. "Scary … but I like it!" Young Tourists' perceptions of fear on holiday ［J］. Journal of Tourism and Cultural Change, 2010, 8 (1-2): 30-49.

［408］ Murray - Tuite P, Wolshon B. Evacuation transportation modeling: An overview of research, development, and practice ［J］. Transportation Research Part C: Emerging Technologies, 2013, 27: 25-45.

［409］ Navarro O, Mambet C, Barbaras C, et al. Determinant factors of protective behaviors regarding erosion and coastal flooding risk ［J］. International Journal of Disaster Risk Reduction, 2021, 61: 102378.

［410］ Olson J M, Brewer C A. An evaluation of color selections to accommodate map users with color - vision impairments ［J］. Annals of the Association of American Geographers, 1997, 87 (1): 103-134.

［411］ Ouattara B, Strobl E. Hurricane strikes and local migration in US coastal countie ［J］. Economics Letters, 2014, 124 (1): 17-20.

［412］ Park K, Reisinger Y. Differences in the perceived influence of natural disasters and travel risk on international travel ［J］. Tourism Geographies, 2010, 12 (1): 1-24.

［413］ Pennington G L, Thapa B, Kaplanidou K, et al. Crisis planning and preparedness in the United States tourism industry ［J］. Cornell Hospitality Quarterly, 2011, 52 (3): 312-320.

［414］ Piaget J, Inhelder B, Langdon F J, et al. La Représentation de L'espace Chez L'enfant ［M］. London: Routledge & Kegan Paul, 1956.

［415］ Piaget J, Inhelder B, Szeminska A. Child's conception of geometry ［M］. London: Routledge, 1960.

［416］ Pred A. The interurban transmission of growth in advanced economies: Empirical findings versus regional-planning assumptions ［J］. Regional Studies, 1976, 10 (2): 151-171.

［417］ Proshansky H M, Fabian A K, Kaminoff R. Place-identity: Physical world socialization of the self ［J］. Journal of Environmental Psychology, 1983, 3 (1): 57-83.

［418］ Proshansky H M. The city and self-identity ［J］. Environment and Behavior, 1978, 10 (2): 147-169.

［419］ Qian L L, Zhang J, Zhang H L, et al. Hit close to home: The moderating effects of past experiences on tourists' on-site experiences and behavioral intention in post-earthquake site ［J］. Asia Pacific Journal of Tourism Research, 2017, 22 (9): 936-950.

［420］ Quintal V A, Lee J A, Soutar G N. Risk, uncertainty and the theory of planned behavior: A tourism example ［J］. Tourism Management, 2010, 31 (6): 797-805.

［421］ Ramayah T, Yusoff Y M, Jamaludin N, et al. Applying the theory of planned behavior (TPB) to predict internet tax filing intentions ［J］. International Journal of Management, 2009, 26 (2): 272-284.

［422］ Rauhut D, Littke H. "A one way ticket to the city, please!" on young women leaving the Swedish peripheral region Västernorrland ［J］. Journal of Rural Studies, 2016, 43: 301-310.

［423］ Reese G, Oettler L M S, Katz L C. Imagining the loss of social and physical place characteristics reduces place attachment ［J］. Journal of Environmental Psychology, 2019, 65: 101325.

［424］ Reichel A, Fuchs G, Uriely N. Perceived risk and the non-institutionalized tourist role: The case of Israeli student ex-backpackers ［J］. Journal of Travel Research, 2007, 46: 217-226.

［425］ Reid L, Ellsworth-Krebs K. Nudge (ography) and practice theories: Contemporary sites of behavioural science and post-structuralist approaches in geography？［J］. Progress in Human Geography，2019，43（2）：295-313.

［426］ Relph E. Place and placelessness［M］. London：Pion Lt. d，1976.

［427］ Rex J Rowley. Under threat of fire［J］. Geo Humanities，2020，6
（2）：424-431.

［428］ Ritchie B W. Chaos，crises and disasters：A strategic approach to crisis
term management in the tourism industry［J］. Tourism Management，2004，25
（6）：669-683.

［429］ Rittichainuwat B N. Tourists' and tourism suppliers' perceptions toward
crisis management on Tsunami［J］. Tourism Management，2013，34：112-121.

［430］ Rittichainuwatb N，Chakraboty G. Perceived travel risks regarding terrorism
and disease：The case of Thailand［J］. Tourism Management，2009，30：410-418.

［431］ Rosselló J，Becken S，Santana G M. The effects of natural disasters on in-
ternational tourism：A global analysis［J］. Tourism Management，2020（79）：
1-10.

［432］ Ruan W Q，Li Y Q，Liu C. et al. Measuring tourism risk impacts on desti-
nation image［J］. Sustainability，2017，9（9）：1501-1516.

［433］ Ryan C，Hsu S Y. Why do visitors go to museums? The case of 921 Earth-
quake museum，Wufong，Taichung［J］. Asia Pacific Journal of Tourism Research，
2011，16（2）：209-228.

［434］ Saarinen T F，Sell J L. Environmental perception［J］. Progress in Human
Geography，1981，5（4）：525-547.

［435］ Saarinen T F. Environmental perception［J］. Perspectives on Environ-
ment，1974，13：252-289.

［436］ Saarinen T F. Perception of Environment，Resource Paper No. 5［M］.
United States：Assn of Amer Geographers，1969.

［437］ Saarinen T F. Perception of the drought hazard on the Great Plains
［M］. Chicago：The University of Chicago，1969.

［438］ Sampson J P，Peterson G W，Reardon R C，et al. Using readiness assess-
ment to improve career services：A cognitive information processing approach［J］. Ca-
reer Development Quarterly，2000，49（2）：146-174.

［439］ Sarman I，Scagnolari S，Maggi R. Acceptance of life-threatening hazards among young tourists: A stated choice experiment [J]. Journal of Travel Research, 2016, 55 (8): 979-992.

[440] Sauer C O. The survey method in geography and its objectives [J]. Annals of the Association of American Geographers, 1924, 14 (1): 17-33.

[441] Scannell L, Gifford R. Defining place attachment: A tripartite organizing framework [J]. Journal of Environmental Psychology, 2010, 30 (1): 1-10.

[442] Schiffman J. The evolution of theory [J]. Back Stage East, 2007, 48 (25): 1-10.

[443] Scott D, Lemieux C. Weather and climate information for tourism [J]. Procedia Environmental Sciences, 2010, 1 (1): 146-183.

[444] Shakya S, Basnet S, Paudel J. Natural disasters and labor migration: Evidence from Nepal's earthquake [J]. World Development, 2022, 151: 105748.

[445] Shamai S, Ilatov Z. Measuring sense of place: Methodological aspects [J]. Tijdschrift voor Economische en Sociale Geografie, 2005, 96 (5): 467-476.

[446] Shaw S-L. Guest editorial introduction: Time geography-its past, present and future [J]. Journal of Transport Geography, 2012, 23: 1-4.

[447] Sheldon T L, Zhan C. The impact of hurricanes and floods on domestic migration [J]. Journal of Environmental Economics and Management, 2022, 115: 102726.

[448] Shepard R N. The mental image [J]. American Psychologist, 1978, 33 (2): 125-137.

[449] Shim M, You M. Cognitive and affective risk perceptions toward food safety outbreaks: Mediating the relation between news use and food consumption intention [J]. Asian Journal of Communication, 2015, 25 (1): 48-64.

[450] Simon H A. The compensation of executives [J]. Sociometry, 1957, 20 (1): 32-35.

[451] Sirakaya E. Assessment of factors affecting conformance behavior of ecotour operators with industry guidelines [J]. Tourism Analysis, 1997, 2 (1): 17-35.

[452] Slovlc P. The perception of risk [M]. New York: Earthscan, 2000.

[453] Smith T R, Pellegrino J W, Golledge R G. Computational process modeling of spatial cognition and behavior [J]. Geographical Analysis, 1982, 14 (4): 305-325.

[454] Soini K, Vaarala H, Pouta E. Residents' sense of place and landscape

perceptions at the rural-urban interface [J]. Landsape and Urban Planning, 2012, 104 (1): 124-134.

[455] Solot M. Carl Sauer and cultural evolution [J]. Annals of the Association of American Geographers, 1986, 76 (4): 508-520.

[456] Sönmez S F, Graefe A R. Influence of terrorism risk on foreign tourism decisions [J]. Annals of Tourism Research, 1998, 25 (1): 112-144.

[457] Stea D. The measurement of mental maps: An experimental model for studying conceptual spaces [J]. In Routledge Revivals: Behavioral Problems in Geography (1969), 2017: 228-253.

[458] Stedman R C. Is it really just a social construction? The contribution of the physical environment to sense of place [J]. Society and Natural Resources, 2003, 16 (8): 671-685.

[459] Steimanis I, Mayer M, Vollan B. Why do people persist in sea-level rise threatened coastal regions? Empirical evidence on risk aversion and place attachment [J]. Climate Risk Management, 2021, 34: 100377.

[460] Strandberg C. Let's stay together-the mediating role of self-congruity and place attachment on residents' likelihood to stay [J]. Journal of Environmental Psychology, 2023, 87: 101989.

[461] Swapan M S H, Sadeque S. Place attachment in natural hazard-prone areas and decision to relocate: Research Review and agenda for developing countries [J]. International Journal of Disaster Risk Reduction, 2021, 52: 101937.

[462] Tang Y. Travel motivation, destination image and visitor satisfaction of international tourists after the 2008 Wenchuan earthquake: A structural modeling approach [J]. Asia Pacific Journal of Tourism Research, 2014, 19 (11): 1260-1277.

[463] Tangvitoontham N, Sattayanuwat W. The responsiveness of international tourists on uncertainty and instability: The case study of inbound tourists to Thailand [J]. GSTF Business Review, 2017, 5 (1): 1-6.

[464] Thapa B, Cahyanto I, Holland S M, et al. Wildfires and tourist behaviors in Florida [J]. Tourism Management, 2013, 36: 284-292.

[465] Tobler W R. Analytical cartography [J]. The American Cartographer, 1976, 3 (1): 21-31.

［466］Tolman E C. Cognitive maps in rats and men ［J］. Psychological Review, 1948, 55 (4): 189.

［467］Trowbridge C C. On fundamental methods of orientation and "imaginary maps" ［J］. Science, 1913, 38 (990): 888-897.

［468］Tsibart A S, Gennadiev A N. The influence of fires on the properties of forest soils in the Amur River basin (the Norskii Reserve) ［J］. Eurasian Soil Science, 2008, 41 (7): 686-693.

［469］Tuan Y F. Humanistic geography ［M］//Chris P. In Theory and methods. London: Routledge, 2017, 127-138.

［470］Tuan Y. Landscape of fear ［M］. Minneapolis: Minnesota University Press, 1979.

［471］Tuan Y. Space and place: The perspective of experience ［M］. Minneapolis: University of Minnesota Press, 1977.

［472］Tuan Y. Topophilia: A study of environmental perceptions, Attitudes and values ［M］. Englewood Cliffs: Prentice-Hall, Englewood Cliffs, 1974.

［473］Urry J. Time and space in Giddens' social theory ［M］//Christopher B, David J. In Giddens' theory of structuration. London: Routledge, 1991: 16.

［474］Van der star M E, Hochstenbach C. Continuity among stayers: Levels, predictors and meanings of place attachment in rural shrinking regions ［J］. Journal of Rural Studies, 2022, 96: 369-380.

［475］Wachinger G, Renn O, Begg C, et al. The risk perception paradox implications for governance and communication of natural hazards ［J］. Risk Analysis, 2013, 33 (6): 1049-1065.

［476］Walker B, Holling C S, Carpenter S, et al. Resilience, adaptability, and transformability in social-ecological systems ［J］. Ecology and Society, 2004, 9 (2): 5.

［477］Walmsley D J, Lewis G J. People and environment: Behavioural approaches in human geography ［M］. London: Routledge, 2014.

［478］Walters G, Clulow V. The tourism market's response to the 2009 black Saturday bushfires: The case of gippsland ［J］. Journal of Travel & Tourism Marketing, 2010, 27 (8): 844-857.

［479］Walters G, Wallin A, Hartley N. The threat of terrorism and tourist choice behavior [J]. Journal of Travel Research, 2019, 58 (3): 370-382.

[480] Wang J W, Luo X R. Resident perception of dark tourism impact: The case of Beichuan County, China [J]. Journal of Tourism and Cultural Change, 2018, 16 (5): 463-481.

[481] Wang S S. Residents' perception of communities – based disaster tourism: The case of Yinxiu, China [J]. Asia Pacific Journal of Tourism Research, 2019, 24 (7): 669-678.

[482] Wearing S, Beirman D, Grabowski S. Engaging volunteer tourism in post-disaster recovery in Nepal [J]. Annals of Tourism Research, 2020, 80: 102-802.

[483] Weber E U, Hsee C. Cross-cultural differences in risk perception, but cross-cultural similarities in attitudes towards perceived risk [J]. Management Science, 1998, 44 (9): 1205-1217.

[484] William K. Historical geography and the concept of the behavioral environment [M] //Boal F W, Livingstone D N. The behavioural environment: Essays in reflection, Application and Re-evaluation. London: Routledge, 1989: 13.

[485] Williams D R, Stewart S I. Sense of place: An elusive concept that is finding a home in ecosystem management [J]. Journal of Forestry, 1998, 96 (5): 18-23.

[486] Wolf K, Larse S, Øgaard T. How to define and measure risk perceptions [J]. Annals of Tourism Research, 2019, 79: 1-9.

[487] Wong J Y, Yeh C. Tourist hesitation in destination decision making [J]. Annals of Tourism Research, 2009, 36 (1): 6-23.

[488] Wright G H V. Causality and determinism [M]. New York: Columbia University Press, 1974.

[489] Wright J K. Human nature in geography: Fourteen papers, 1925 – 1965 [M]. Boston: Harvard University Press, 1966.

[490] Yamashita R. Disaster risk and migration in the west bank of the Malay Peninsula: Will the urban-rural divide improve or widen? [J]. International Journal of Disaster Risk Reduction, 2022, 78: 103-150.

[491] Yamashita R. Relationship between citizens' risk perceptions formed by disaster information and migration decision-making: Evidence from Japan [J]. Progress in Disaster Science, 2020, 5: 1-7.

［492］ Yan B J, Zhang J, Zhang H L, et al. Investigating the motivation−experience relationship in a dark tourism space: A case study of the Beichuan earthquake relics, China ［J］. Tourism Management, 2016, 53: 108−121.

［493］ Yang L C, Nair V. Risk perception study in tourism: Are we really measuring perceived risk? ［J］. Procedia − Social and Behavioral Sciences, 2014, 144: 322−327.

［494］ Zheng C H, Zhang J, Guo Y R, et al. Disruption and reestablishment of place attachment after large−scale disasters: The role of perceived risk, negative emotions, and coping ［J］. International Journal of Disaster Risk Reduction, 2019, 40: 101−273.

［495］ Zheng D, Luo Q, Ritchie B W. Afraid to travel after COVID−19? Self−protection, coping and resilience against pandemic "travel fear" ［J］. Tourism Management, 2021, 83: 1−13.

［496］ Zhou S, Chai Y, Kwan M P, et al. Theoretical, methodological, and applied frontiers of behavioral geography in China ［J］. Dili Yanjiu, 2024, 43 (9): 2235−2258.

［497］ Zinnes J L, MacKay D B. Probabilistic multidimensional scaling: Complete and incomplete data ［J］. Psychometrika, 1983, 48 (1): 27−48.

附　录

附录1　健康城市评价指标与健康城市形象回归系数

模型	非标准化系数		标准化系数	T	显著性
	B	标准差	Beta		
（常量）	2.456	0.096		25.649	0.000
生活饮用水质好	0.381	0.027	0.437	14.049	0.000
（常量）	1.931	0.108		17.961	0.000
生活饮用水质好	0.282	0.028	0.323	10.089	0.000
传染病、慢性病发病率低	0.248	0.027	0.297	9.255	0.000
（常量）	1.739	0.110		15.777	0.000
生活饮用水质好	0.221	0.029	0.253	7.529	0.000
传染病、慢性病发病率低	0.196	0.028	0.234	7.078	0.000
食品安全放心	0.171	0.029	0.204	5.923	0.000
（常量）	1.703	0.109		15.680	0.000
生活饮用水质好	0.116	0.035	0.133	3.340	0.001
传染病、慢性病发病率低	0.178	0.027	0.214	6.514	0.000
食品安全放心	0.162	0.028	0.194	5.695	0.000
空气质量好	0.158	0.029	0.206	5.423	0.000
（常量）	1.493	0.116		12.902	0.000

模型	非标准化系数		标准化系数	T	显著性
	B	标准差	Beta		
生活饮用水质好	0.103	0.034	0.118	2.996	0.003
传染病、慢性病发病率低	0.133	0.029	0.159	4.630	0.000
食品安全放心	0.140	0.028	0.167	4.922	0.000
空气质量好	0.152	0.029	0.197	5.274	0.000
居民健康知识水平高	0.146	0.030	0.159	4.830	0.000
（常量）	1.337	0.123		10.902	0.000
生活饮用水质好	0.086	0.034	0.099	2.507	0.012
传染病、慢性病发病率低	0.117	0.029	0.140	4.075	0.000
食品安全放心	0.116	0.029	0.139	4.016	0.000
空气质量好	0.145	0.029	0.189	5.078	0.000
居民健康知识水平高	0.130	0.030	0.141	4.267	0.000
公共绿地多	0.109	0.030	0.122	3.620	0.000
（常量）	1.275	0.125		10.204	0.000
生活饮用水质好	0.074	0.035	0.085	2.131	0.033
传染病、慢性病发病率低	0.118	0.029	0.141	4.112	0.000
食品安全放心	0.109	0.029	0.130	3.749	0.000
空气质量好	0.144	0.029	0.188	5.053	0.000
居民健康知识水平高	0.113	0.031	0.123	3.647	0.000
公共绿地多	0.091	0.031	0.101	2.928	0.004
公共厕所数量多、卫生好	0.070	0.029	0.082	2.411	0.016
（常量）	1.237	0.126		9.834	0.000
生活饮用水质好	0.071	0.035	0.082	2.056	0.040
传染病、慢性病发病率低	0.112	0.029	0.135	3.913	0.000
食品安全放心	0.105	0.029	0.126	3.636	0.000
空气质量好	0.147	0.028	0.192	5.173	0.000
居民健康知识水平高	0.085	0.033	0.092	2.529	0.012
公共绿地多	0.083	0.031	0.093	2.677	0.008
公共厕所数量多、卫生好	0.069	0.029	0.081	2.388	0.017
我周围经常参加锻炼的人多	0.058	0.025	0.076	2.300	0.022

注：a. 因变量：非常糟糕—非常理想。

附录 2 雾霾风险感知与健康城市形象回归系数

模型	非标准化系数		标准化系数	T	显著性
	B	标准差	Beta		
（常量）	3.074	0.074		41.403	0.000
非常害怕—丝毫不恐惧	0.221	0.023	0.314	9.787	0.000
（常量）	2.948	0.078		37.889	0.000
非常害怕—丝毫不恐惧	0.154	0.026	0.218	5.841	0.000
越来越严重-逐渐减轻	0.112	0.023	0.180	4.803	0.000

注：a. 因变量：非常糟糕—非常理想。

附录 3 雾霾风险感知问卷

问卷采集人：_____ 时间：_____ 地点：_____

序号：_____

成都是全国首批"健康城市"。到 2020 年，全市人均期望寿命有望达 81.61岁，将初步建成环境优美、保障健全、文化繁荣、人群健康的国家"健康城市示范市"。

我们正在进行一项关于"雾霾风险感知"的调研。问卷匿名，仅供科研，请如实填写。谢谢！

1. 成都作为健康城市是否达标？请从如下方面进行评价。请在对应分值下划"√"。

	完全不同意	基本不同意	一般	基本同意	完全同意
1. 空气质量好	□1	□2	□3	□4	□5
2. 生活饮用水质好	□1	□2	□3	□4	□5

	完全 不同意	基本 不同意	一般	基本 同意	完全 同意
3. 生活垃圾及时清运处理	☐1	☐2	☐3	☐4	☐5
4. 公共厕所数量多、卫生好	☐1	☐2	☐3	☐4	☐5
5. 公共绿地多	☐1	☐2	☐3	☐4	☐5
6. 城市健身场地多	☐1	☐2	☐3	☐4	☐5
7. 食品安全放心	☐1	☐2	☐3	☐4	☐5
8. 公共养老设施充足	☐1	☐2	☐3	☐4	☐5
9. 医院数量多	☐1	☐2	☐3	☐4	☐5
10. 医疗水平普遍较高	☐1	☐2	☐3	☐4	☐5
11. 居民健康水平普遍较高	☐1	☐2	☐3	☐4	☐5
12. 传染病、慢性病发病率低	☐1	☐2	☐3	☐4	☐5
13. 居民健康知识水平高	☐1	☐2	☐3	☐4	☐5
14. 我周围经常参加锻炼的人多	☐1	☐2	☐3	☐4	☐5
15. 我周围吸烟的人少	☐1	☐2	☐3	☐4	☐5

2. 成都是否是理想的健康城市？"1"分为"非常糟糕"；"5"分为"非常理想"。请在对应分值下划"√"。

非常糟糕　　　　　　　　　　　　　　　　　　　　　　　　　非常理想

1	2	3	4	5
☐	☐	☐	☐	☐

3. 提到成都的雾霾，您的感受是什么？例如，"1"分为越来越严重；"5"分为逐渐减轻。请在对应分值下划"√"。

越来越严重	☐1	☐2	☐3	☐4	☐5	逐渐减轻
非常担心	☐1	☐2	☐3	☐4	☐5	不担心
严重影响健康	☐1	☐2	☐3	☐4	☐5	对健康没有影响
非常害怕	☐1	☐2	☐3	☐4	☐5	丝毫不恐惧
难以容忍	☐1	☐2	☐3	☐4	☐5	可以容忍

4. 籍贯_____

5. 性别　□男　　□女

6. 年龄　□未满 18 岁　□18～24 岁　□25～34 岁　□35～44 岁　□45～54 岁　□55～64 岁　□65 岁及以上　□不回答

7. 学历　□小学、初中、中专　□高中、职高　□大专　□本科　□硕士及以上　□其他（请填写）_____

8. 职业　□全职工作　□兼职工作　□学生　□自主创业　□退休　□待业　□其他（请填写）_____

9. 在成都居住（停留）时间？

□游客（或曾到成都旅游）

□成都市民

□曾在（正在）成都工作、学习、生活的外地人（<1 年）

□曾在（正在）成都工作、学习、生活的外地人（≥1 年）

□没有来过成都

10. 请对成都健康城市建设提意见。

附录 4　九寨沟风险感知问卷

问卷采集人：_____　　时间：_____　　地点：_____

序号：_____

2017 年 8 月 8 日，九寨沟县发生 7.0 级地震。九寨沟景区从 2017 年 8 月 9 日起停止接待游客，2018 年 3 月 8 日部分景观对外开放。2018 年 6 月 25 日，九寨沟景区暴发严重山洪泥石流灾害。2018 年 7 月 1 日起景区闭园，2019 年 2 月 10 日再次发布闭园通告，开放时间待定。

为此，我们开展"九寨沟景区风险认知"调研。问卷匿名，仅供科研，填写时间约 5 分钟，请如实填写。

1. 你如何看待九寨沟景区的近况？请在对应分值下划"√"。

	完全 不同意	基本 不同意	一般	基本 同意	完全 同意
1. 九寨沟风景遭到地震严重破坏	□1	□2	□3	□4	□5
2. 九寨沟仍处于灾后恢复重建的关键期	□1	□2	□3	□4	□5
3. 现阶段到九寨沟旅游不安全	□1	□2	□3	□4	□5
4. 九寨沟极可能再次发生地震	□1	□2	□3	□4	□5
5. 九寨沟因地震而闭园的时间将会非常长	□1	□2	□3	□4	□5
6. 我非常关注九寨沟震后的情况	□1	□2	□3	□4	□5

2. 假设你计划后年去九寨沟旅游，当得知九寨沟曾发生地震，你会怎么做？

	完全 不同意	基本 不同意	一般	基本 同意	完全 同意
1. 九寨沟地震对我的旅行计划毫无影响	□1	□2	□3	□4	□5
2. 我会对旅行计划作小调整（例如，缩短在九寨沟停留时间）	□1	□2	□3	□4	□5
3. 我会对旅行计划作较大调整（例如，推迟或取消行程）	□1	□2	□3	□4	□5
4. 我会因为九寨沟地震而不再去那里	□1	□2	□3	□4	□5

3. 假设你计划后年去九寨沟，会通过哪些渠道了解情况？

	完全 不同意	基本 不同意	一般	基本 同意	完全 同意
1. 旅行社	□1	□2	□3	□4	□5
2. 亲朋好友	□1	□2	□3	□4	□5
3. 网络搜索	□1	□2	□3	□4	□5
4. 电视新闻	□1	□2	□3	□4	□5
5. 报纸	□1	□2	□3	□4	□5
6. 曾去过的人	□1	□2	□3	□4	□5
7. 九寨沟景区网站、微信公众号	□1	□2	□3	□4	□5
8. 四川省旅游局网站、微信公众号	□1	□2	□3	□4	□5
9. 携程等旅游网站	□1	□2	□3	□4	□5
10. 其他新闻网站、微信公众号	□1	□2	□3	□4	□5

4. 假设你计划后年去九寨沟，选择以下出游方式的可能性有多大？

	完全 不可能	基本 不可能	一般	较为 可能	极其 可能
1. 参加旅行团	□1	□2	□3	□4	□5
2. 自驾旅游	□1	□2	□3	□4	□5
3. 散客（自定食宿、门票、交通等）	□1	□2	□3	□4	□5
4. 自由行（旅行社定酒店、住宿或其他）	□1	□2	□3	□4	□5
5. 和亲朋好友一起去	□1	□2	□3	□4	□5
6. 自己一个人去	□1	□2	□3	□4	□5

5. 假设你计划后年去九寨沟，你感觉遇到以下自然灾害的可能性大吗？

	完全 不可能	基本 不可能	一般	较为 可能	极其 可能
1. 暴雨	□1	□2	□3	□4	□5
2. 泥石流	□1	□2	□3	□4	□5
3. 崩塌	□1	□2	□3	□4	□5
4. 滑坡	□1	□2	□3	□4	□5
5. 地震	□1	□2	□3	□4	□5
6. 山洪	□1	□2	□3	□4	□5

6. 假设你计划后年去九寨沟，你感到遭遇以下问题的可能性有多大？

	完全 不可能	基本 不可能	一般	较为 可能	极其 可能
1. 财物损失	□1	□2	□3	□4	□5
2. 身体受伤	□1	□2	□3	□4	□5
3. 心情不悦	□1	□2	□3	□4	□5
4. 家人担心	□1	□2	□3	□4	□5
5. 各种不便	□1	□2	□3	□4	□5

7. 常住地（籍贯）_____

8. 性别　□男　□女

9. 年龄　□未满 18 岁　□18~24 岁　□25~34 岁　□35~44 岁　□45~54 岁　□55~64 岁　□65 岁及以上　□不回答

10. 学历　□中专、初中、小学　□高中、职高　□大专　□本科　□硕士

及以上　□其他（请填写）＿＿＿＿＿＿＿

11. 职业　□全职工作　□兼职工作　□学生　□自主创业　□退休　□待业　□其他（请填写）＿＿＿＿＿＿＿

12. 你是否曾去过九寨沟　　　　　　　　　□是　□否

13. 最近两年是否有去九寨沟的计划　　　　□是　□否　□不确定

14. 最近两年是否会推荐他人去九寨沟　　　□是　□否　□不确定

15. 请对九寨沟景区提意见。请填写。

附录 5　汶川地震灾区地方依恋差异性问卷

问卷采集人：＿＿＿＿＿＿　　时间：＿＿＿＿＿＿　　地点：＿＿＿＿＿＿

序号：＿＿＿＿＿＿

我们正在进行有关"地震旅游"的调研。问卷匿名，仅供科学研究，请如实填写。

1. 请根据您的感受，在对应的分值选项下划"√"。

如何评价你居住的城镇？	完全不同意	基本不同意	一般	基本同意	完全同意
1. 我对这个地方很有感情	□1	□2	□3	□4	□5
2. 住在这里让我感到自在	□1	□2	□3	□4	□5
3. 如果搬到其他地方住，我会非常难过	□1	□2	□3	□4	□5
4. 如果长时间到外地，我会非常想念这里	□1	□2	□3	□4	□5
5. 我已融入了当地生活	□1	□2	□3	□4	□5
6. 这里是我成长的地方	□1	□2	□3	□4	□5
7. 这个地方是我的家乡	□1	□2	□3	□4	□5
8. 这个地方带给我许多回忆	□1	□2	□3	□4	□5
9. 这个地方对我有特别的意义	□1	□2	□3	□4	□5
10. 我在这里比在其他地方生活得更好	□1	□2	□3	□4	□5

续表

如何评价你居住的城镇?	完全不同意	基本不同意	一般	基本同意	完全同意
11. 这里的生活环境比其他地方都好	□1	□2	□3	□4	□5
12. 没有任何地方比这里更好	□1	□2	□3	□4	□5
13. 这里是我最愿意住的地方	□1	□2	□3	□4	□5

2. 请根据您的态度,在对应的分值选项下划"√"。

如果你或你的家人、街坊搬到外地住,你的态度是?	完全不同意	基本不同意	一般	基本同意	完全同意
1. 我不太愿意一个人到外地生活	□1	□2	□3	□4	□5
2. 我不希望家人独自到外地生活	□1	□2	□3	□4	□5
3. 我不愿意和家人搬到外地生活	□1	□2	□3	□4	□5
4. 我不愿意搬离现在熟悉的小区	□1	□2	□3	□4	□5
5. 如果熟悉的街坊搬家到外地会使我很感伤	□1	□2	□3	□4	□5
6. 如果我和熟悉的街坊都搬家会让我很感伤	□1	□2	□3	□4	□5
7. 我不愿意搬离现在熟悉的城镇	□1	□2	□3	□4	□5
8. 如果镇上的熟人搬家到外地会使我很感伤	□1	□2	□3	□4	□5
9. 如果我和镇上的熟人都搬家会让我很感伤	□1	□2	□3	□4	□5

3. 常住地(市、镇、村)_____

4. 性别 □男 □女

5. 年龄 □18 岁以下 □18~24 岁 □25~34 岁 □35~44 岁 □45~54 岁 □55~64 岁 □65 岁及以上 □不回答

6. 学历 □初中、中专、小学 □高中、职高 □大专 □本科 □硕士及以上 □其他(填写)_____

7. 职业 □全职工作 □兼职工作 □学生 □自主创业 □退休 □待业 □其他(填写)_____

8. 本地居住时间 □1~4 年 □5~10 年 □10 年以上

9. 是否支持发展地震旅游 □不应该发展地震旅游 □无所谓 □是的,完全支持

10. 支持或不支持地震旅游的原因及其他建议（请填写）

_____

附录6　西昌森林火灾风险感知问卷

问卷采集人：_____　　时间：_____　　地点：_____

序号：_____

2020 年 3 月 30 日，四川省凉山州西昌市发生森林火灾，造成了严重的人员伤亡和经济损失，对西昌市旅游业造成了极大影响。为此，我们开展"西昌市森林火灾风险"调研。问卷匿名，仅供科研，填写时间约 5 分钟，请如实填写。您的回答将有助于灾后重建工作，感谢您的支持与帮助！

1. 您是否是西昌本地居民？

□是　□否（请填写常住地。例如，四川省成都市；凉山州喜德县）_____

2. 如何看待西昌森林火灾？请在对应选项下划"√"

	完全不同意	基本不同意	一般	基本同意	完全同意
1. 特别重大的森林火灾（受害森林面积大于 1000 公顷，或死亡 30 人以上，或重伤 100 人以上。）	□1	□2	□3	□4	□5
2. 难以扑灭和控制	□1	□2	□3	□4	□5
3. 很难预防	□1	□2	□3	□4	□5
4. 这场森林火灾的负面影响将持续很多年	□1	□2	□3	□4	□5
5. 很难降低发生概率	□1	□2	□3	□4	□5
6. 近年来火灾风险有所增加	□1	□2	□3	□4	□5
7. 经济损失巨大	□1	□2	□3	□4	□5
8. 受灾人员众多	□1	□2	□3	□4	□5
9. 这场火灾是随机事件	□1	□2	□3	□4	□5
10. 很难发现火灾的苗头	□1	□2	□3	□4	□5
11. 我本人受到了影响	□1	□2	□3	□4	□5
12. 我对灾情不太了解	□1	□2	□3	□4	□5

3. 西昌森林火灾在何种程度上影响你的旅游意愿/计划？请在对应选项下划"√"

	完全不同意	基本不同意	一般	基本同意	完全同意
1. 安全是我到西昌旅游考虑的首要因素	□1	□2	□3	□4	□5
2. 森林火灾风险完全消除我才会考虑去（再次）去西昌	□1	□2	□3	□4	□5
3. 目前的西昌非常安全	□1	□2	□3	□4	□5
4. 在西昌和其他旅游地之间做选择时，我会去没有森林火灾风险的地方旅游	□1	□2	□3	□4	□5
5. 西昌常发生森林火灾，所以我不愿意去那里	□1	□2	□3	□4	□5
6. 这场火灾对我是否到西昌旅游毫无影响	□1	□2	□3	□4	□5
7. 听说有人在西昌遭遇火灾，但这对我是否去西昌没影响	□1	□2	□3	□4	□5
8. 我想去西昌，但关于这场火灾的新闻报道令我很担心	□1	□2	□3	□4	□5
9. 森林火灾不会阻止我到西昌旅游	□1	□2	□3	□4	□5
10. 森林火灾与旅游地安全与否无关	□1	□2	□3	□4	□5

4. 你认为西昌的哪些地方（节日）更容易发生火灾？请在对应选项下划"√"。

	完全不可能	基本不可能	一般	较为可能	极其可能	不回答
1. 邛海国家湿地公园	□1	□2	□3	□4	□5	□0
2. 泸山森林公园	□1	□2	□3	□4	□5	□0
3. 建昌古城	□1	□2	□3	□4	□5	□0
4. 凉山彝族奴隶社会博物馆	□1	□2	□3	□4	□5	□0
5. 火把节	□1	□2	□3	□4	□5	□0
6. 彝族年	□1	□2	□3	□4	□5	□0

5. 以下哪种情形会对你目前或未来前往西昌的计划造成影响？请在对应选项下划"√"。

	再也不去	取消行程	推迟行程	缩短行程	毫无影响
1. 火灾导致交通堵塞	□1	□2	□3	□4	□5
2. 火灾浓烟导致交通事故	□1	□2	□3	□4	□5

	再也 不去	取消 行程	推迟 行程	缩短 行程	毫无 影响
3. 火灾导致空气污染	□1	□2	□3	□4	□5
4. 火灾导致封路	□1	□2	□3	□4	□5
5. 火灾浓烟引发呼吸系统疾病的风险	□1	□2	□3	□4	□5
6. 西昌极可能再次发生森林火灾	□1	□2	□3	□4	□5
7. 西昌多次发生森林火灾，但火灾没有发生在我旅游的景点附近	□1	□2	□3	□4	□5
8. 媒体大幅报道西昌森林火灾相关新闻	□1	□2	□3	□4	□5

6. 这场森林大火是否对你目前或未来前往西昌的计划造成影响？请在对应选项下划"√"。

	完全 不同意	基本 不同意	一般	基本 同意	完全 同意
1. 毫无影响	□1	□2	□3	□4	□5
2. 我考虑推迟去西昌的计划	□1	□2	□3	□4	□5
3. 我考虑减少在西昌的活动或缩短停留时间	□1	□2	□3	□4	□5
4. 我考虑取消去西昌的计划	□1	□2	□3	□4	□5
5. 我会因为西昌森林大火而不再去那里	□1	□2	□3	□4	□5

7. 性别　□男　□女

8. 年龄　□未满 18 岁　□18～24 岁　□25～34 岁　□35～44 岁　□45～54 岁　□55～64 岁　□65 岁及以上　□不回答

9. 学历　□中专、初中、小学　□高中、职高　□大专　□本科　□硕士及以上　□其他（请填写）_____

10. 职业　□全职工作　□兼职工作　□学生　□自主创业　□退休　□待业　□其他（请填写）_____

11. 最近两年是否会推荐他人去西昌游玩　□是　□否　□不确定

12. 请对西昌森林火灾防治提意见。请填写。

后　记

　　跨学科研究经历，又或许是机缘巧合，引领我踏入了充满挑战的行为地理学领域。我曾长时间地在选择从事什么专业和研究领域的道路上徘徊。这一路荆棘满布，我却从未停止寻找专业上的"家"。《灾害风险的行为地理学研究》付梓之际，回顾自己从接触实证主义研究范式到走向新文化地理学和人本主义地理学的转变过程，这既是对"我"作为研究主体的自我反思，也可作为理解本书写作初衷的参考。

　　我的学术生涯始于挑战英文文献的翻译。刚开始阅读英文文献的时候我时常感到困惑，不得门径。于是，我采取了一个看似笨拙实则奏效的策略——全文翻译，细品慢嚼。然而，我没有更多机会深入接触西方的学术思想史，特别是那些关于方法论的书籍。因此，这一阶段的研究和写作不过是"依样画葫芦"。

　　我学术思想的第一个重要转折点（Turning Point）的到来要感谢我曾教过的一名本科生。那是在2007年前后，她正在中山大学攻读硕士学位。我从她那里借阅了几篇中山大学旅游学院师生发表的期刊文章和学位论文。这些宝贵的资料让我初次接触了问卷调查、社会科学统计软件包（SPSS）等研究工具，更重要的是它们为我打开了实证研究、人类志和案例研究等方法的门径。这些资料拓宽了我的学术视野，让我逐渐认识到了地质学研究之外，关于"人"的研究同样重要且富有深意。

　　2008年发生的汶川特大地震是我学术生涯的另一个重要转折点。在抗震救灾和恢复重建的艰难时期，我前往都江堰、映秀镇、彭州市等受灾尤为严重的地区进行了考察。面对灾区那满目疮痍的景象，直面了"生存和毁灭"的灵魂拷问，深受震撼，也促使我更加深刻地思考起"人与自然关系"这一永恒课题。

　　随着2009年四川灾后恢复重建取得阶段性的胜利，我的目光也随之转向了成都大熊猫繁育研究基地。在那个国人尚未完全走出地震伤痛阴霾的时刻，一个令人意外的现象出现了：国际游客纷纷涌入这个国际著名的生态旅游景区。这一独特现象促使我着手进行了一系列的实证研究，其中就包括《成都大熊猫繁育研究基地入境游客满意度》《成都大熊猫繁育研究基地国内旅游者旅游动机实证研究》《震后成都大熊猫繁育研究基地国内游客感知评价关联度实证研究》等文章。

"小试牛刀"让我收获的不仅是论文，更重要的是问题。我开始思考：为什么地震灾害没有能降低外国人到四川旅游的热情？他们如何看待经历地震伤痛之后的四川和四川人？地震事件何种程度上影响了他们的行程？为回答这些问题，我组织本科生到成都市内主要景点和国际游客聚集的机场、酒店等地方开展问卷调查。基于这些调查问卷，我发表了论文《震后赴川入境旅游者满意度评价研究》。问卷调查过程中，我认识了一位美国科罗拉多大学地理系（University of Colorado at Boulder）的博士生，由此结下了与这所美国大学的不解之缘。

2009~2010 年，我多次重返汶川地震灾区。多数时候是独自遇见大山、大河，孤独地行走在地震遗址的碎片与瓦砾之上；偶尔也与志同道合之士结伴同行。其间，我结识了伦敦大学皇家霍洛威学院（Royal Holloway, University of London）的张雪娟博士，并与她共同考察了老北川县城和映秀镇两处地震遗址。尽管初次与她交谈时对她所提及的研究问题不太理解，但她独到的见解仍让我深受启发。

重返地震灾区的主要原因是为了完成我的博士学位论文《龙门山地震地质遗迹景观体系与旅游发展模式研究》。该论文的核心研究内容之一是地震遗迹景观的类型学问题。围绕这一关键问题，我发表了两篇论文：《地震遗迹景观研究进展及其分类方案探讨》《汶川地震遗迹旅游资源分类及特色评价》。但我始终觉得景观类型学研究未能完全满足我的学术追求。我渴望超越对"物"（即地质遗迹景观或地震遗迹旅游资源）的研究，转而关注"有情众生"——"人"的态度和行为。这一夙愿终于在十年后得以实现。2011 年，我出版了专著《地震纪念性景观对震区地方感建构的影响研究》。

时间再次回到 2009 年。如前所述，我在这一年偶然间得知了科罗拉多大学。我浏览了这所美国知名学府的官方网站，惊喜地发现该校地理系的肯尼斯·富特（Kenneth Foote）教授与我有着共同的研究兴趣——灾难/灾害事件的人地关系问题。我于是申请了国家公派访问学者的名额，希望能前往科罗拉多大学深造。然而，这一美好的愿望直到 2012 年末才得以实现。2012 年 12 月至 2014 年 1 月，我先后前往美国科罗拉多大学地理系和康涅狄格大学地理系（University of Connecticut at Storrs），师从富特教授。

访学归来的十年后，我再次踏上了"2023 年地理教师发展联盟"（Geography Faculty Development Alliance，GFDA）的培训之旅（第一次参加培训是 2013 年访学期间）。培训接近尾声，老师们鼓励每位学员分享自己在学术征途中那个至关重要的"啊哈！"时刻（Aha Moment）。我称之为"开窍"或"灵感乍现"后的会心一笑，犹如释迦牟尼在菩提树下"顿悟""证道"时的那个幸福时刻和圆满瞬间。同学们纷纷敞开心扉，讲述着那些触动心灵的人、事、物以及它们背后的感人故事。于我而言，正是在富特教授的指导下，我才得以迎来那场智慧的"觉醒时刻"（Tipping Point）。

富特教授安排我学习了他主讲的两门课程：《人文地理学研究设计》（Research Design in Human Geography）和《环境与人：景观、社会与意义》（Environment and People：Landscape，Society，and Meaning）。通过这两门课程，我首次接触到了"研究设计""研究范式""研究问题""关键问题"等概念。富特教授还为我安排了每周一次、每次 30 分钟的辅导，帮助我及时解决在学习和研究过程中遇到的难题，引领我走上了人文地理学研究的道路。他是治学严谨的地理学家，更是杰出的地理教育家。"柏拉图与亚里士多德式的对话""孔子问颜回式的教导"让我如沐春风。

我访学即将结束时，他不经意间向我抛出了一个问题："你在美国这一年学习最大的收获是什么？"我稍作思索后，满怀感慨地回答道："我原本计划是学习 ArcGIS、NVivo 等研究工具，但现在我认为，最强大的研究工具其实是人的'大脑'。"他对我的回答报以微笑，并继续问道："你回国后会继续用英文写作吗？"我毫不犹豫地答道："是的"，并向他表达了希望翻译他在行为地理学领域的重要著作 Shadowed Ground：America's Landscapes of Violence and Tragedy 的愿望。经过了两年半的努力，我翻译的《灰色大地——美国灾难与灾害景观》中文版得以出版，富特教授欣然为之提序。

翻译《灰色大地——美国灾难与灾害景观》的过程是一次宝贵的学习过程。这段既艰辛又充满乐趣的"文化苦旅"促使我反复审视灾难的"记忆之殇与遗忘之虞"（To Remember and To Forget），让我深刻地意识到行为地理学的研究范式并不仅限于实证与量化研究。新文化地理学和人本主义视角下的灾害与灾难案例赋予了作者更为广阔的思想表达自由和书写的深度与广度。正如中国古人所言，"思接千载、视通万里"，从而实现跨越时空的深刻洞察；又或者如科罗拉多大学老校长乔治·诺林（George Norlin）所言："囿于时世者，常若井底蛙（Who Knows Only His Own Generation Remains Always a Child）。"

我遇到的同道中人和良师益友还有很多。但对我近期学术思想产生重要影响的是弗兰克·范克莱（Frank Vanclay）教授。2024年9月，我来到荷兰格罗宁根大学空间学院文化地理系，开始了为期一年的国家公派访问学者研究。范克莱教授是我的合作导师（Host Professor）。我旁听了他主讲的课程《社会影响评估》（Social Impact Assessment），参加了他组织的《征地、安置与社会可持续性培训班》（RUG Summer/Winter School on the Land Acquisition, Resettlement and Social Sustainability）。除了课程和培训以外，我最重要的收获还是来自范克莱教授的悉心传授和耳提面命。他向我讲解了美国、英国与荷兰、德国等其他欧洲国家在"文化地理学"（Cultural Geography）治学传统上的差异。他会长时间地与我讨论并解决论文写作和发表过程中的问题，包括题目拟定、问题界定、术语确定等；同时也涵盖了论文写作的技巧，如遣词造句、格式规范、内容组织、期刊选择等方面。

范克莱教授是"社会影响评估"（Social Impact Assessment）领域的权威专家。他的研究在社会学和地理学领域产生了深远影响，还在统计学方面颇有建树。当我好奇地询问他为何会精通数据分析时，老先生谦虚地表示："几十年前，我从事过统计学研究，因此略懂一二。"然而，更让我感兴趣的是范克莱教授为何会放弃统计学或计量研究的路径，转而投身于社会学和文化地理学的交叉领域。他没有对此做过多的解释，但我猜测这或许与行为地理学实证研究范式的转变有关。范克莱教授是否是因为洞悉了行为地理学从"计量革命"到人本主义地理学的回归和新文化地理学的兴起才做出了这一重要的学术选择？

行文至此，亚欧大陆东端的中国已迈入了2025年的门槛，而远在亚欧大陆西端的荷兰却仍沉浸在迎接元旦的期待之中。东西半球间的奇妙时差，宛如"旦复旦兮"之美，唯有穿梭时空的行者与仰望星空的智者，方能深切体悟时间与空间的变与恒。回望1569年，荷兰地理学家杰拉杜斯·墨卡托（Gerhardus Mercator）凭借"正轴等角圆柱投影法"，为大航海提供了更为准确的世界地图；在遥远的东方，明朝地理学家徐霞客正醉心书写山川地理和人文风物。古人以各自独特的方式，触摸、理解和记录我们生存的这个"有情天地"。"格物致知"也好，

"观乎人文"也罢，乃至追求"物我两忘"的境界，不都能通往"大学之道"吗？

唐　勇

2025 年 1 月 1 日凌晨

于格罗宁根大学"墨卡托"楼